U0937683

企业家前台化表演中的着装风格对其形象的影响

吴宏宇　著

·北　京·

图书在版编目（CIP）数据

企业家前台化表演中的着装风格对其形象的影响／吴宏宇著．
—北京：中国经济出版社，2018.7
ISBN 978－7－5136－5265－0
Ⅰ.①企… Ⅱ.①吴… Ⅲ.①企业家—服饰—影响—企业形象—研究 Ⅳ.①F272－05
中国版本图书馆 CIP 数据核字（2018）第 147415 号

责任编辑 严 莉
责任印制 巢新强
封面设计 任燕飞

出版发行 中国经济出版社
印 刷 者 北京建宏印刷有限公司
经 销 者 各地新华书店
开　　本 710mm×1000mm 1/16
印　　张 10.75
字　　数 144 千字
版　　次 2018 年 7 月第 1 版
印　　次 2018 年 7 月第 1 次
定　　价 48.00 元
广告经营许可证 京西工商广字第 8179 号

中国经济出版社 **网址** www.economyph.com **社址** 北京市西城区百万庄北街 3 号 **邮编** 100037
本版图书如存在印装质量问题，请与本社发行中心联系调换（联系电话：010－68330607）

前言

企业家不只是企业的经营管理者，也是社会舞台上卓越的“表演者”，是天生的“意见领袖”和企业形象的“超级代言人”。良好的企业家形象能够成为企业发展的重要助推器。当前，越来越多的企业家开始意识到自身形象所蕴含的重要价值，纷纷从经营管理的“后台”走到社会互动的“前台”，通过积极参与社会公益事业、代言公司产品、主持新产品发布会、出席综艺节目、担任客座教授、出版著作以及参与网络互动等多种形式，塑造和提升自身的良好形象。作为社会舞台上最外显、最常用、最易操控的“道具”，服装对企业家的前台化表演效果具有重要影响。但是，企业家着装如何影响其形象塑造，以及其中的作用机制是什么，现有理论还不能给予很好的回答。

社会互动理论认为，着装兼具社会身份表达和个性特质表达的功能。基于社会身份表达的视角，消费者对企业家的着装具有刻板印象，即“深色西装是一个 CEO 最安全的穿着”，这实际上形成了企业家着装的角色期望；但是，基于个性特质表达的视角，很多企业家是不喜欢甚至排斥正装的，并且越来越多的企业家对其发起挑战，“便装 CEO”逐渐成为时尚。以拟剧理论、符号互动论、角色理论、印象管理理论等为指导，本研究对企业家着装风格进行了新的划分，即提出了“与自我一致”和“与角色一致”的分类方法，并采用实证研究的方法探索了不同着装风格对企业家形象的影响和其中的内在机制，以及相关的调节变量。

通过三个准实验研究发现，和“与角色一致”的着装风格相比，“与自我一致”的着装风格能够给消费者带来更高的新奇感，进而使其对企业家有更高的创新评价；但同时也会降低消费者的合礼性感知，进而使其对企业家有更低的可靠评价。但在非正式活动中，由于社会行为规范的约束机制被淡化，两种着装风格下消费者的合礼性感知没有显著差异，因而对企业家的可靠评价没有明显不同。另外，对于新兴行业企业家来说，“与自我一致”的着装风格不会显著降低消费者的合礼性感知，因而也无损对企业家的可靠评价。

本研究分为导论、相关文献回顾、相关理论基础、研究模型与假设、研究设计及实证检验以及总体结论 6 个章节。大致分为以下四个部分：

第一部分为第 1 章，即导论部分，主要内容包括问题的提出、选题的动因、研究意义、创新之处、研究思路、研究框架和研究方法。通过文献梳理以及结合营销实践中的热点事件，我们将本研究的问题确定为：企业家在着装选择时如果出现个性特质和角色期望的冲突，其不同的着装风格（与自我一致 vs. 与角色一致）对形象塑造分别会产生怎么样的影响，其内在的作用机制是什么，以及有哪些因素能够起调节作用。

第二部分包括第 2 章和第 3 章。第 2 章为文献回顾部分，主要是通过对研究思路当中的主线进行梳理和评述，找出本书所要研究的理论缺口，主要内容包括对企业家前台化表演、着装和企业家形象的相关文献回顾。第 3 章为相关理论基础，主要是基于模型构建的需要，寻找相关理论作支撑，具体包括符号互动论、角色理论和印象管理理论 3 种社会互动理论。

第三部分包括第 4 章和第 5 章。第 4 章为研究模型与假设，主要是发展理论模型，同时在相关文献的基础上进行假设的推演。第 5 章为研究设计及实证检验，包括预实验、实验 1、实验 2 和实验 3，主要阐述研究设计、操作过程和数据分析结果等。

第四部分为第 6 章。主要是根据第 5 章的数据分析结果，进行总体讨论，提炼本研究在理论上的贡献，以及对企业家前台化表演中的着装风格选择提出建议和参考，同时说明本研究的局限性和未来研究的方向。

总之，本研究通过实证研究的方法探讨了企业家前台化表演中的着装风格对其形象的影响，以及其中的作用机制和调节变量。该研究不仅有利于丰富社会互动及企业家形象的相关理论，也有助于为企业家提高前台化表演效果提供有益的启示和指导。

目　录

图表目录

第1章　导　论

1.1　问题提出和研究意义

1.1.1　问题的提出

美国社会学家 Goffman（1959）在其拟剧论中提出，所有的社会角色，包括企业领导者，其行为都可以被区分为两类：前台行为和后台行为。前台行为指社会角色有选择地在公众面前展示并希望他们从中获得特定意义的行为；后台行为则是不想让公众知道、限制公众和局外人了解的行为。然而，一直以来学术界对企业家行为的研究主要聚焦在企业家的后台行为，将企业家看作企业经营管理者（Casson M.，1982；Sexton D L.，1986）、组织管理者（Smith N.，1967；Hébert R F，Link A N，1988）、战略制定者（Keller，1998）和创新者（Schumpeter，1934，1949）等；对企业家的前台化行为缺乏足够的重视。事实上，企业家也是社会舞台上的卓越“表演者”，他们是天生的“意见领袖”（Gillin，2007，2008）和企业形象的“超级代言人”（Experian Hitwise，2007）。积极的前台化表演不仅能给企业家个人带来良好的形象，也有助于企业的发展。Alberto 和 Salas（1989）指出，如果消费者对一家企业的领导者有好感，也会对其公司的产品和服务产生好感。还有研究发现，企业家形象对所在企业的绩效有显著影响（Agle et al，2006；Tosi et al，2004；Yukl，2008）。可见，企业家前台化行为是营销管理研究中一个富有价值且有待发掘的新领域。

从营销实践来看，近些年越来越多的企业家开始认识到其个人形象所蕴含的价值和影响力，纷纷从经营管理的“后台”走向社会互动的“前台”，通过积极参与社会公益事业、代言公司产品、主持新产品发布会、出席综艺节目、担任客座教授、出版著作、发表博客、专栏以及与“粉丝”进行微博互动等多种形式，塑造和提升自身的良好形象。在这些前台化表演中，企业家要像演员在戏剧舞台上表演那样，根据不同场景合理运用各式各样的“道具”，如着装、面部表情、仪表、言谈、举止，等等。其中，着装是一项最常用、最外显、最灵活且对企业家形象有非常显著影响的道具——着装塑造关于个体性格特质的第一印象（Lukavsky et al，1995；Lightstone et al，2011）。事实上，着装还是一项非常复杂的道具，绝非字面上那么简单。首先，服装是最具社会身份表达意义的产品（Bull，1975；Davis，1984；Kaiser，1985），观察者通常对不同社会角色的个体的着装行为具有不同的期望、判断和评价（Greenstein，Knottnerus，1980）。其次，服装也是个体内在性格的延伸和外显，能够表现着装者的个性特质（赵伶俐，2009）。最后，服装还受社会情境因素的影响，个体的着装选择要适合特定的社会情境要求，比如我们不能够穿着 T 恤衫去参加理应穿着晚礼服的活动。由于服装的服装特性，企业家在进行着装选择时往往要进行多方权衡，并常常会陷入冲突和纠结之中：基于个性特质，他想选择休闲装；但是基于其社会角色，又必须选择西装。如果按照角色期望的要求选择穿西装，就会显得毫无个性，最终所有人的着装相差无几；如果按自己的爱好选择穿休闲装，就像 Mark Zuckerberg 在 Facebook IPO 路演时穿着自己一贯的便装——连帽衫和牛仔裤那样，则可能会招致负面评价，彭博财经亚太频道（Bloomberg TV）就批评 Zuckerberg 的着装“不成熟”。

Mark Zuckerberg 在 Facebook IPO 路演时的随便着装招致了不少银行

家的批评，但也揭示了社会实践中的一个最新流行趋势——**“便装CEO”**（CEO Casual），越来越多的企业家开始青睐这种忽视情境而尊重个性的着装方式。据2011年3月《纽约时报》的一篇文章报道，苹果公司前CEO Jobs将其“制服”统一设计为：纽巴伦运动鞋、李维斯牛仔裤和“Issey Miyake”的黑色圆领毛衣。他认为这样可以“减少自己的角色以聚焦产品”。克莱斯勒的首席执行官Sergio Marchionne同样拒绝“正装”，其代表性着装是黑色卫衣，有时还会戴着网纹牛津马球帽。为了打破拘谨，Marchionne还鼓励员工们也这么做。NBA达拉斯小牛队的老板Mark Cuban也是“便装CEO”的拥趸者——“我们选择穿西装究竟是为了什么目的?”Mark Cuban问道，“为什么世界上有那么多人被要求穿西装上班？打条领带就能让我们工作更努力或变得更聪明吗？或者，这只是服装、纺织或干洗行业为了赚我们的钱而设计的一个阴谋?”Mark Cuban认为企业应该取消在工作场所穿西装的规定，以此来增加员工的实际福利：“企业的首席执行官或者高管，应该考虑一下是否有必要让你的员工既浪费金钱，又穿着不舒服的衣服工作”。《华尔街日报》（2008）的一篇文章认为，“便装CEO”无关年龄，而是为了给公众和公司员工**“传递一个现代的、创造性的信息”**。总的来说，便装CEO尊重个性而忽视角色和情境，倡导休闲、随意的着装，在他们眼里西装成了守旧、顽固的信号。为了给公众留下特定的印象，越来越多的企业家们开始聘请专业的团队对其着装进行设计（Laura P. Naumann，2009）。

尽管在实践当中传统的企业家着装规范受到了越来越多的挑战，“深色西装是一个CEO最安全的穿着”（Wall Street Journal，2008）的信念开始遭到“便装CEO”们的抛弃，但学术界对这一现象还没有给予足够的重视，不同着装风格对企业家形象的影响及其中的作用机制还有待考察。本研究以拟剧理论、角色理论等互动理论为基础，重点探讨企业家前台化表演中的着装问题：如果企业家在着装选择时面临个性特质和角色期望的冲突，其着装风格应该基于自我个性还是角色期望；不同的着装风格（与自我一致 VS. 与角色一致）对企业家形象分别会产生怎么样的影响；其中的作用机制又是什么；有哪些因素能够起调节作用。对这些问题的回答，一方面可以对拟剧论、符号互动论、角色理论和印象管理理论等社会互动理论给予有益的补充，另一方面也能够为企业家的前台化表演行为提供有价值的启发和指导。

1.1.2 选题的动因

当前，越来越多的企业家开始意识到自身形象所蕴含的重要价值，纷纷从经营管理的“后台”走到社会互动的“前台”，投身形式各样的前台化表演当中。作为社会舞台中最具社会身份表达和个性特质表达的“道具”，服装对企业家的前台化表演具有重要意义。在一些重要的商业活动中，企业家的着装历来是时尚杂志、新闻媒体所关注的焦点之一，也很容易成为商业人士茶余饭后的热点话题。就如上文所说，在 Facebook 的 IPO 路演之后，大家讨论最多的不是 Facebook 公司的股价，不是 Facebook 公司的发展前景，而是 Mark Zuckerberg 在路演时的便装——连帽衫和牛仔裤。很显然，企业家的着装风格对其前台化表演效果甚至其个人形象有非常显著的影响，但具体是什么样的影响、怎样发生的影响，现有的理论还不能给予很好的回答。因此，本书采用实证研究的方法，从企业家前台化表演的视角，探讨企业家着装风格对其形象的影响及内在机制。具体来说，本书的选题动因包括以下几个方面：

第一，企业家形象对品牌和企业具有重要意义。企业家是天生的“意见领袖”（Gillin，2007，2008）和“超级代言人”（Experian Hitwise，2007），消费者常常通过对企业家形象的认知来联想品牌的个性特征（Plummer，1985）。一些具有极高知名度和美誉度的企业家，其个人形象往往超越企业和品牌的形象，成为企业和品牌的象征。作为一项重要的无形资产，良好的企业家形象能够给企业带来巨大的帮助，比如帮助企业获取更多的融资、有利的合作机会以及媒体的力捧等。甚至，企业家形象还能够间接影响其所在公司的经营绩效（Agle，Nagarajan et al，2006；Tosi，Misangyi et al，2004）。正因为企业家形象有如此重要的价值，本研究拟从企业家前台化表演中的着装风格出发，探讨企业家形象的前因变量。

第二，企业家前台化行为是营销管理研究中一个值得发掘的新领域。尽管营销实践中越来越多的企业家开始从经营管理的“后台”走到社会互动的“前台”，投身形式各样的前台化表演中，以期塑造和提高自身的良好形象，但当前学术界对企业家行为的研究仍主要聚焦在企业家的后台行为，将企业家看作企业经营者、组织管理者、战略制定者和创新者等。企业家前台化行为动机、模式、影响以及评价标准等，很难从现有文献中得到解释。因此，本研究以企业家前台化表演中的着装为研究背景，探讨企业家前台化行为对其形象塑造的影响，希望能在企业家前台化行为研究领域起到抛砖引玉的作用，具有较强的理论价值。

第三，在当前的营销实践当中，越来越多的企业家开始重视对自我的个性化展示，甚至通过一些超越企业家角色期望的表演方式进行自我展示，比如王石的勇攀珠穆朗玛峰、陈光标的“裸捐”以及带领员工到食堂吃剩菜等。这些与角色期望不相符的自我展示会给企业家形象带来怎样的影响，其内在的影响机制又是什么。这些问题很难从现有文献中寻到答案。本研究以企业家着装（与自我一致 VS. 与角色一致）为背景，探讨企业家与角色期望不一致的自我展示的影响，其结论将会给企业家前台化行为实践提供有价值的参考和借鉴。

1.2　研究意义和创新之处

1.2.1　研究意义

在越来越多的企业家开始从幕后走到社会互动的前台并投入到形式

各样的表演的背景下，探讨企业家前台化表演形式对其形象的影响具有重大的理论价值和现实意义。不仅有利于丰富社会互动及企业家形象的相关理论，也有助于为企业家提高前台化表演效果提供有益的启示和指导。

1.2.1.1 理论意义

尽管在实践中企业家的前台化表演日渐增多，但在营销管理研究中企业家前台化行为却是一个富有价值但一直被忽略的研究领域。现有的社会互动方面的理论，如拟剧论、符号互动论、角色理论和印象管理理论等，能够给企业家的前台化表演提供一些有益的参考，但无法回答其中的关键问题：企业家该如何进行有效的前台化表演，不同的前台化表演对企业家形象有怎样的影响，其内在的作用机制是什么，受哪些因素的调节，等等。

在本研究中，我们以企业家前台化表演中的着装为背景，对以上问题进行了初探。和与角色期望一致的着装风格相比，与自我特质一致但与角色期望不一致的着装能让消费者感觉很新奇，进而提高其对企业家的创新评价；同时，与自我特质一致但与角色期望不一致的着装风格也会带来“不合礼”感知，并降低消费者对企业家的可靠评价。在正式活动场合以及对传统型行业的企业家来说，上述负面效应会更显著。以上结论说明，与角色期望或者社会规范一致并非企业家前台行为的唯一标准，不一致的行为也能带来积极的影响。企业家应该根据自身需要（更想凸显创新的一面还是可靠的一面）来选择相应的着装风格。这些发现是对拟剧论、符号互动论、角色理论和印象管理理论的有益补充。

1.2.1.2 实践意义

当前，企业家们开始展现出前所未有的活力和“表演”欲，他们不再甘心只做幕后的经营管理者，纷纷走到社会互动的前台，通过形式各样的活动进行自我展示，比如积极参与社会公益事业、代言公司产品、主持新产品发布会、出席综艺节目、做客座教授、出版著作、发表博客、出专栏以及与“粉丝”进行微博互动，等等。企业家们期望通过这些前台化表演提升自己的形象，进而为品牌及企业发展提供帮助。

本研究的选题就来自于对营销管理实践中日渐增多的“便装 CEO”现象的观察和分析，因而研究结论会具有较强的实践意义。“便装 CEO”现象实质上代表着企业家在社会前台表演时的一种独特形式，即采用与角色期望不一致的方式对自我特质进行展示，这和“裸捐”、攀爬珠峰、食堂扫剩饭等夸张表演具有实质上的相似。本研究以企业家前台化表演中的着装选择为背景，探讨了这类与角色期望不一致的前台行为对企业家形象的影响，以及其中的内在机制和相关影响因素。本研究所得结论能够对企业家的前台化行为提供具有普遍价值的借鉴和指导。

1.2.2　创新之处

本研究的创新之处主要体现在以下几个方面：

第一，从社会互动视角对企业家着装风格进行了界定，提出了“与自我一致”和“与角色一致”的分类方法，并实证检验了企业家在前台化表演中的不同着装风格对其形象的影响。社会互动论认为，着装兼具社会身份表达和个性特质表达的功能。基于社会身份表达的功能，消费者对企业家的着装具有刻板印象，即“深色西装是一个 CEO 最安全的穿着”，这实际上形成了企业家着装的角色期望；但是，基于个性特质表达的功能，很多企业家是不喜欢甚至排斥正装的，并且越来越多的企业家对其发起挑战，“便装 CEO”逐渐成为时尚。基于此，我们把与角色期望一致的正装定义为“与角色一致”的风格，把与角色期望相悖的休闲装定义为“与自我一致”，并研究了当企业家自我个性与角色期望不一致时其着装决策对形象塑造的影响。结果发现，和与角色一致的风格相比，与自我一致的着装风格能让消费者对企业家有较高的创新评价，但是也会导致较低的可靠评价。

第二，探明了企业家前台化表演中的不同着装风格对其形象影响的内在机制。通过三个实验的研究设计和数据分析，我们发现并多次验证了消费者感知在企业家着装风格对其形象的影响过程中起着中介作用。具体来说，企业家采用“与自我一致”（相比于“与角色一致”）的着装风格时，会让消费者产生更高的新奇性感知，因而对企业家有较高的创新评价；但是，企业家采用“与自我一致”（相比于“与角色一致”）的着装风格，也会降低消费者的合礼性感知，使其对企业家有较低的可靠评价。

第三，发现了在企业家前台化表演中的着装风格对其形象的影响过程中，活动类型和行业类型起着调节作用。通过两个实验的实证研究，我们发现：首先，在正式活动中，企业家采用“与自我一致”（相比于“与角色一致”）的着装风格时，消费者对企业家有较高的创新评价，同时也有较低的可靠评价；但是在非正式活动，“与自我一致”的着装风格能企业家带来高的创新评价，同时无损其可靠评价。其次，行业类型也有相似的调节作用，传统行业的企业家采用“与自我一致”（相比于“与角色一致”）的着装风格时，消费者会对其有较高的创新评价，同时也有较低的可靠评价；但是对创新行业的企业家来说，“与自我一致”能带来更高的创新评价，同时无损其可靠评价。我们还证实，在上述过程中，消费者的新奇性感知和合礼性感知仍然起着中介作用。

1.3 研究的思路、框架与方法

1.3.1 研究思路

对于企业家的前台化表演来说，着装是一项最常用、最外显且最易于操纵的道具。同时，着装也是一项非常复杂的道具：一方面，着装具有社会身份表达的功能（Bull，1975；Davis，1984；Kaiser，1985），不同社会角色的着装具有不同的期待和评价标准（Greenstein，Knottnerus，1980）；另一方面，着装也是个体内在性格的延伸和外显，能够表现着装者的个性特质（赵伶俐，2009）。从企业家的社会角色来看，“深色西装是一个CEO最安全的穿着”（Wall Street Journal，2008），即公众对企业家角色的着装期望是商务正装。但从个性表达的角度来看，很多企业家是不喜欢甚至排斥穿西装的，如前文所说的日渐增多的“便装CEO”们。这样一来，当这些企业家要进行重要的前台化表演时，往往会陷入矛盾和纠结之中：是选择与自我一致但与角色不一致的休闲装，还是选择与角色一致但与自我不一致的西装？

从消费者的角度来看，企业家前台化表演时的着装其实是一种社会互动符号，传达着社会角色及企业家个人性格特质的相关信息。通过对企业家着装的观察、判断和感知，消费者会对其着装给出一个整体评价；然后，基于对企业家着装的评判推断出企业家的特质、能力等，并最终形成对企业家的整体印象。比如，当企业家选择和自我一致但和角色不一致的着装风格时，消费者会觉得企业家的着装行为与其角色期望不一致，也与大多数企业家的着装风格不一致，会对其着装风格产生新奇感，进而会将其归因为企业家的个性特质，认为该企业家属于不愿墨守成规、具有较强创新意识的人。同时，创新也意味着做事喜欢冒险、不遵守社会规范，因而消费者对该企业家的可靠评价会相对较低。

总体来说，本研究从企业家在前台化表演中的着装选择出发，对企业家的着装风格进行了分类和界定，并从消费者视角考察了企业家不同着装风格给消费者的感知，以及由此带来的企业家特质（创新和可靠）的不同的评价。本研究的研究思路如图1-1所示。

图 1-1　本书的研究思路

1.3.2　研究框架

本研究分为导论、相关文献回顾、相关理论基础、研究模型与假设、研究设计实证检验以及总体结论 6 个章节。大致分为以下四个部分:

第一部分为第 1 章，即导论部分，主要内容包括研究问题的提出、选题的动因、研究意义、创新之处、研究思路、研究框架和研究方法。

第二部分包括第 2 章和第 3 章。第 2 章为文献回顾部分，主要是通过对研究思路当中的主线进行梳理和评述，找出本书所要研究的理论缺口，主要内容包括对企业家前台化表演、着装和企业家形象的相关文献回顾。第 3 章为相关理论基础，主要是基于模型构建的需要，寻找相关理论作支撑，具体包括符号互动论、角色理论和印象管理理论 3 种社会互动理论。

第三部分包括第 4 章和第 5 章。第 4 章为研究模型假设，主要是发展理论模型，同时在相关文献的基础上进行假设的推演。第 5 章为实证检验，包括预实验、实验 1、实验 2 和实验 3，主要阐述研究设计、操作过程和数据分析结果等。

第四部分为第 6 章，主要是根据第 5 章的数据分析结果，对企业家前台化表演中的着装风格选择提出建议和参考，同时说明本研究的局限性和未来研究的方向。

本研究的结构框架和内容安排见图 1-2:

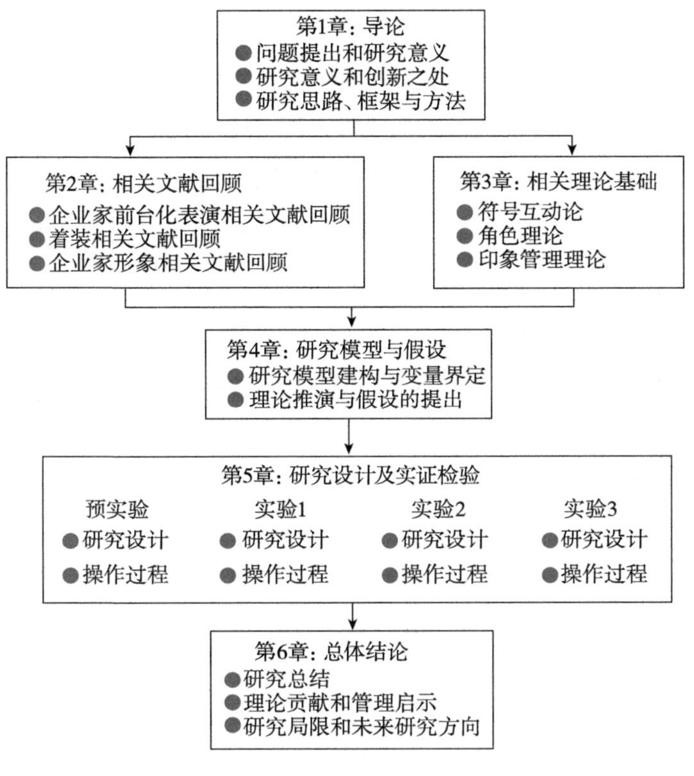

图 1－2　本书的研究框架

1.3.3　研究方法

本研究将采用规范研究和实证研究相结合的方法。在规范研究中，我们结合本书所要研究的主题，通过对企业家前台化行为、企业家形象以及着装等方面的文献梳理进行逻辑推演，在拟剧论、符号互动论、角色理论和印象管理理论等社会互动理论的基础之上，进行理论发展，提出研究架构。通过规范研究有助于了解以往学者们对企业家社会责任行为和企业品牌形象研究的历史、现状以及存在的不足，帮助确定我们的研究主题，形成研究思路，明确要解决的关键问题，并在此基础上构建本研究的理论模型。还能够形成关于研究对象的一般印象，有助于实证研究中的观察和设计。

在实证研究中，本书主要采用实验法。在实验设计之前，我们通过新浪、搜狐、网易、腾讯四大门户网站，收集企业家前台化表演及企业家着装的有关专题、新闻和信息，由营销专业人士从中提炼筛选出适合实验研究设计的素材，且通过消费者的预测试检验之后，才开始正式的实验研究。在实验研究设计当中，我们对企业家前台化表演中的着装风格进行了操控，并控制可能影响企业家形象的干扰变量，对所提假设进行检验。我们还运用 SPSS15.0 对实验结果进行统计分析，为本研究的结论提供具有统计意义的实证支持。最后，我们对研究结果进行了讨论和分析。

第2章　相关文献回顾

本章对研究问题相关的现有文献进行回顾、梳理和述评，找出所研究问题的理论缺口。本章共分为三个部分：第一部分是对企业家前台化表演相关文献的回顾，包括前台化表演的内涵、前台化表演的互动机制、前台化表演的评价标准、企业家的前台化表演以及文献评述等；第二部分是对着装相关研究文献的回顾，包括着装及其研究现状、着装风格的界定、着装在社会互动中的功能、着装对他人行为的影响以及文献评述等；第三部分是对企业家形象相关文献的回顾，包括企业家形象的界定、企业家形象的驱动因素、企业家形象的前因、企业家形象的影响以及文献评述等。

2.1　企业家前台化表演相关文献回顾

2.1.1　前台化表演的内涵

Goffman（1959）在其著作 *The presentation of self in everyday life* 中最先提出前台化表演的概念，他以戏剧表演的过程来隐喻社会中的互动过程，用“表演”来指代“个体持续面对一组特定观察者时所表现的，并对那些观察者产生了某些影响的全部行为”。Grove & Fisk（1983）将 Goffman 的理论延伸至服务业，并把服务的区域分为前台（front stage）与后台（back stage），由此产生了前台化表演这一说法。前台化表演是指“演员”（指代社会互动中的个体或群体）在社会前台有意识地展示给观众，并希望以此给其留下特定印象的所有行动。

Goffman 认为，演员的前台化表演，即他们在前台展现在观众面前的活动，都是经过在后台精心策划的，并且其在前台所展示的内容未必总是和其真实想法一致。对于前台表演和后台想法不一致的现象，Goffman（1959）列举了两类例子：假装作为（make - work）和假装不作为（make - no work）。假装作为，是指无中生有，或者虚张声势，通过虚假或空洞的表演将某一特定行为进行夸张展示。比如，芝加哥大学的威洛比描述精神病院工作人员的工作情景——“……来到病房的头一天，其他护理员就明确地告诉他，打骂病人时不要‘让人撞见’，当主管来检查病房时要表现得忙碌一些，不要跟她讲话，除非她先开口。有些护理员专司‘放哨’，一旦发现主管来了就给其他人打招呼，以免他们正在干的那些不合宜的事儿让发现。有些护理员会故意把活儿留到主管在场时再去干，这样她们会显得很忙碌，因此，主管也就不会再给她们派其他活儿了”（Willoughby，1953）。而假装不作为，则是一种对自身真实情况或所作所为进行掩饰的面子表演。例如，贝赞特所描述的 19 世纪没落上流社会的“打肿脸充胖子”现象——“体面的家庭，女士们正餐后从不做任何严肃或有用的事儿；午后要么出去散散步，要么就在家优雅地虚度光阴。如果有客人来拜访，女孩儿们正在做有用的伙计，他们就会立刻把手上的活儿塞到沙发底下，装出正在看书、画画或与人进行轻松时髦的谈话的样子”（Walter Besant，1887）。

Grove et al（1992）则进一步指出，大多数的前台化表演是的确经过精心安排的、刻意展示在观众面前的，他们称之为主动而为的前台行为；但是，也有特例情况，比如有观众不小心跑到后台，或者演员在后台的行为不小心被观众发现，这时后台反而变成了前台，他们称之为被前台化行为（Grove、Fisk & Bitner，1992）。前者是一种有选择的展示行为，希望公众看到并从中获得特定意义；后者则类似戏剧中的“穿帮”，是不应该让观众知道的行为。一旦后台行为被前台化，演员的表演秩序就会被打乱，表演效果就会受到影响。这就好比观众观看电视里的古装剧，正看到一群武林高手绝命大比拼，关键时刻画面中突然出现一架电线杆，或者是一架飞机悠然飘过。从当前研究的现状看，大部分研究集中于对前一种类型的探讨，比如 Voss（1978）和中国台湾学者顾志远（1998）探讨的“前屋”（front room）行为；Cornwell、Roy & Steinard（2001），Cornwell（1995）等提到的赞助行为；Westphal & Clement（2008），Hambrick、Finkelstein & Mooney（2005）等学者提出的外部委托人（external constituent）猎取，Edwards（2010）提到的雇主广告行为等。对于被前台化行为，研究的相对较少，有限的研究主要集中于对诸如危机事件的前台化应急处理上（e. g. , Westphal，Clement，2008）。

2.1.2　前台化表演的互动机制

我们已经知道，前台化表演是在社会互动中，个体为了给别人留下特定印象，而在他们面前进行有意识的行为展示的活动过程。前台化表演是整个社会互动的基础，是最普遍的互动形式。接下来，我们应该进一步考量：这种互动式的表演是如何实现的？个体互动如何演变为有组织的互动？一个成功的前台化表演，需要有哪些要素参与，具备什么样的特征？也就是说，我们需要进一步探讨前台化表演的互动机制。Goffman（1959）和 Grove et al（1992，1995，1998）对前台化表演的互动机制进行了系统探讨，并提供了一个包括演员（actor）、戏班（team）、观众（audience）、舞台（setting）和表演（performance）等要素在内的完整的研究框架。下面，我们将逐项进行分析。

2.1.2.1　演员

Goffman（1959）用“演员”来指代社会互动中的个体。他认为，当一个个体出现在他人面前时，他的行动将会影响别人此刻的情境定义；就像在戏剧表演中，他扮演着演员的角色，周围的人则是观众。在特定的社会互动情境中，人们会按照事先筹划好的方式来行动，目的是为了让别人做出他预期获得的特定回应。比如在商业谈判中，每一方都在按照自己的计划来引导他人，以达成有利于己方的结果。有时，人们没有事先进行筹划，而是在行动过程中在潜意识里不停地谋划、盘算，自己却没有意识到这一点。比如，面对陌生情境或者事态突发意外，我们总是顺其自然地进行“随机应变”。另外，个体还会基于他所属的群体或社会地位的传统习惯，有意无意地以某种方式来表达自己。无论如何，个体总是在通过特定的行动来投射相应的情景定义，以促成他人对特定事态的领会。

按照演员对角色的投入程度，Goffman（1959）列举了两类演员：完全投入者和玩世不恭者（cynical）。前者是完全进入他所扮演的角色，并真诚地相信，他所呈现的角色印象就是他自己的真实想法。当然，他的观众也很容易这么相信。在另一个极端上，后者并未完全投入自己的表演，而是用表演去操纵观众的信念，把表演当作达到特定目的的一种手段。需要说明的是，玩世不恭者并非都是出于私利，也可能是为了实现他所界定的观众或集体的利益而哄骗观众。比如，那些不得不为病人开一些并无药性的安慰剂的医生，那些无奈地为焦躁不安的女司机一遍一遍检查汽车胎压的加油站工作人员，等等。Goffman 强调，这两种类型的演员就像一个连续体的两端，而绝大多数的演员都属于中间类型的。

2. 1. 2. 2　戏班

在社会互动中，由某个演员单独对情境进行定义的情况比较少见，大多数情况下，一个特定参与者所做的情境定义，往往是由多个参与者亲密合作建立并维持的情境定义的一个组成部分。简单说，社会互动好比一出大戏，需要众多的演员密切配合、共同演绎。比如，要举办一场足球比赛，就需要有至少 22 名运动员分为两队，并且每个人分配不同的位置，每个人都熟悉比赛的规则；需要有两个教练，进行临场指挥；还需要几名裁判，来维持比赛秩序并裁定胜负。再牛的运动员，即便是贝克汉姆，一个人拿足球踢，也无法形成“足球比赛”的情境。于是，便出现了“戏班”或“表演戏班”这类词。Goffman（1959）给戏班下的定义是：戏班是一群个体的集合，他们在表演同一常规程序中通过相互间的密切合作来维持一种特定的情景定义。戏班并不是指特定的社会结构或社会组织，而是与建立和维持相关的情境定义的互动或互动系列有关，由参与该情境定义的相关互动的一群演员组成。通过上面足球比赛的例子，我们可以发现，为了实现戏班的整体表演效果，戏班不同成员之间存在分工的差异，并在此基础上密切合作。因为每一个演员都是戏班的不可或缺的部分，所以似乎每个成员都有权放弃表演或用不适当的行为来破坏表演。所以，戏班的每个成员事实上都必须依赖同伴们的恰当举止和行为，并因此形成一种“共谋”关系，将他们紧密联系在一起。

戏班要想顺利达到表演效果，其成员必须具备三种品性：忠诚（loyalty）、纪律（discipline）和谨慎（circumspection）。忠诚是指戏班成员要忠于戏班的整体利益，绝不能泄露戏班的秘密，不管是出于何种目的，也不能在身处前台之际上演他们个人的节目。纪律是指戏班的每个成员都要遵守戏剧表演纪律并在呈现自己的角色时对其加以运用。演员必须把自己的实际情感隐藏起来，展示出适当的情感感应。谨慎是指戏班成员表演时必须审慎，行事要深谋远虑，并预先进行充分的设计。仍然以上面的足球比赛为例，球队（戏班）的成员绝对不能对外泄露他们的秘密，比如战术安排等；在比赛中，队员必须认真执行球队既定的战术，努力做好自己的角色工作，以队友能共识的方式充分发挥自己的能动性；队员必须提前为比赛做好充分的思想、精力方面的准备。

2.1.2.3　观众

戏剧表演的实现离不开观众，没有观众就没有戏剧（高启光，2001）。只有演员没有观众，那不是戏剧，而是排练。所以，观众也是前台化表演中一个不可或缺的部分。Grove et al（1992）以服务业中的互动为例，指出观众（顾客）的参与对服务产品（表演）的实现及其效果具有决定性影响（Booms & Bitner，1981；Lovelock，1983；Parasuraman、Zeithaml & Berry，1988；Pranter & Martin，1991）。如果有顾客拒绝合作，或者在别的顾客购买时进行捣乱，表演就难以正常进行。

Goffman（1959）将观众视为和演员相对应的角色，演员是表演的执行者，观众则是表演的观察和评论者。观众不参与表演活动，他们只是表演的对象，并且不知道演员或戏班的秘密。事实上，为了演出的顺利进行，观众还会“乖巧”地自觉或不自觉地来配合并支持演员们的表演。观众的乖巧类似于演员的“审慎”，比如观众经常会自动离开那种他们未受邀请进入的区域（后台），或以一种不感兴趣、事不关己、不予注意的方式行动。比如在餐馆中，两批坐得很近的邻桌食客，双方都不会利用实际存在的机会去偷听对方的谈话，即便不小心听到也会故意充耳不闻。观众的“乖巧”还表现在，当演员一时疏忽出错时，观众大多会选择视而不见，或者欣然接受他们为此做出的辩解。

在一些特殊的情况下，演员或者戏班本身也会成为特殊的“观众”。前面讲过，表演者也会被自己的行为所欺骗，相信自己所表演的才是真实的自己，这个时候，表演者成为他自己的观众。也就是说，在同一个表演中，他既是演员又是观众。于是，就会存在一些作为演员的他知道，但是应该向作为观众的他隐瞒的会使表演失效的事儿，因此他就会运用复杂的“自我欺骗”。另外，在两个或多个戏班进行互动时，我们可以将更多地控制舞台设置的戏班视为表演者，而将对应的戏班视为观众。比如在家庭拜访的情景中，我们可以是把主人视为表演戏班，把客人视为观众。

2.1.2.4 舞台

Goffman（1959）用舞台（setting）指代“个体在表演中以一般的和固定的方式有规律地为观察者定义情境的那一部分……是个体在表演期间有意无意使用的、标准的表达性装备”。舞台的设置一般包括舞台设施、装饰品、布局，以及其他一些为人们在舞台空间各处进行表演活动提供舞台布景和道具的背景项目。一般来说，舞台是相对固定的，如果想要把特定的舞台当作表演的一部分，就必须置身于舞台当中；离开的舞台，表演也就随之结束了。就像戏剧表演中各类舞台设施决定着观众对戏剧情境的感知一样，在商业活动中，物理环境也同样影响着顾客对产品或服务的感知（Shostack，1977）。比如顾客到酒店进行消费，酒店大堂、装修、房间设施、服务人员的仪表等，都是观众衡量该酒店档次的重要物理线索。可见，商业互动中的舞台设置在定位服务组织和吸引特定顾客中发挥着极其重要的作用（Booms & Bitner，1982）。

同时，Goffman（1959）还使用“个人前台”（personal setting）这个术语，来指代“表达性装备中能使我们与表演者产生内在认同的那些部分，同时我们也理所当然地认为这些装备会随着表演者移动而移动”。简单说，个人前台就是和表演者个人密切相关的舞台部分，比如：表演者的身材和外貌，衣着服饰，性别、年龄、种族特征，面部表情，举止仪表，面部表情等等。根据个人前台提供的刺激表达信息所具有的功能的不同，可以将其分为“外表”（appearance）和“举止”（manner）两大类。前者可以告诉我们有关表演者的社会身份，以及当时所处的礼仪状态，据此我们可以知道他所从事的是正式的社会活动还是非正式的消遣娱乐活动（Goffman，1959）。后者可以让我们预知表演者在即将到来的情境中扮演怎样的互动角色，比如傲慢的、带攻击性的举止预示着表演者希望引发一场争吵并支配整个过程。

值得注意的是，对理想状态的表演来说，需要实现舞台设置、外表和举止之间的一致性（Burke，1968）。这在我们日常生活中随处可见，一些谚语可以很好地表征：到什么地方唱什么歌；抬手不打笑脸人；吃人家的嘴软，拿人家的手短；衣冠不整，宾者不肃；等等。这种一致性代表了一种理想类型，也为了我们提供了一种注意和关心例外情况的手段。意料之外的，才会让观众感觉充满乐趣，比如灰姑娘、青蛙王子等。舞台设置、外表和举止之间的不一致，为许多职业（新闻记者、作家、时尚评论员等）提供了趣味和魅力，并使许多畅销杂志的文章增色不少。比如，《纽约人》对曾一手经营了帝国大厦拍卖事务的大房产商人罗杰·斯蒂文森的侧面描述，就谈到了令人吃惊的情景：斯蒂文森竟然只有一所很小的房子，一间简陋的事务所，甚至使用的信笺都是没有抬头的（Kahn，1954）。

2.1.2.5 表演

表演是展现在观众面前的一系列活动，是特定的参与者在特定的场合，以任何方式影响其他任何参与者的所有活动（Grove、Fisk & Bitner，1992）。具体说，表演是上述几个因素的综合，是演员或戏班在前台按既定的程序、规则，运用相关的舞台设置、道具、外表和举止等，通过一系列的行动在观众心目中形成其所期望的特定形象。根据拟剧论的观点，个体的前台化表演其实就是实施印象管理的过程，也就是在观众心目中塑造一个自己所希望的形象，这也是拟剧论的本质所在。在《日常生活中的自我呈现》一书中，Goffman（1959）提出了四种表演类型（印象管理策略）：理想表演、误解表演、神秘表演、补救表演。下面我们将结合社会互动中的实际例子来介绍这四种类别的表演。

（1）理想表演

表演者要努力表现出与社会公认的价值、规范、标准相一致的行动。为了在观众心目中塑造一个良好的、理想化的形象，演员在扮演某种角色时还要重视对环境和位置的选择，以便选择有利于角色表演的舞台。例如，2008 年“5·12”汶川大地震发生后不到 36 个小时，陈光标就带着 120 名操作手和 60 台大型工程机械，从江苏、安徽两地日夜兼程，开到了四川地震灾区进行支援。5 月 13 日中午，陈光标一到灾区，就开始把本来准备给机械设备加油的钱发放给了沿途的灾民，从下午 4 点钟发到晚上 1 点钟，共发放了十多万元。

（2）误解表演

也就是使别人产生错觉，得到虚假印象的表演。每当人们想到那些呈现虚假的前台，想到那些伪装的、行骗的、欺诈的表演者时，人们自然便会想到被营造出来的外表与现实之间的巨大差异。人们还会想到这些表演者使自己置身于其中的危险境地，因为在他们进行这种表演的过程中，随时都有可能暴露他们的问题以及那些与他们的公开宣示直接相矛盾的东西，他们会因此而丢尽脸面，甚至还会使他们声名狼藉。例如，2008 年婴儿三聚氰胺奶粉事件曝光后，蒙牛乳业也被卷入其中，但牛根生没有及时对受害的婴儿进行慰问、道歉和赔偿的补救行为，而是继续以民族品牌为招牌策划于事无补的“万言求救书”。结果，遭到网友一片骂声：所谓的道德先生只不过是满口仁义的伪君子，自谓身扛民族品牌大旗实际上却是在蓄意伤害祖国下一代的健康。

（3）神秘表演

演员在表演时，往往会与观众保持一定的距离，从而使其产生一种好奇和崇敬的心理。这种距离感允许表演者在建立他所选择的印象时具有某种活动余地，使他既可以为自己的利益，也可为观众的利益，发挥一种保护或威胁的作用。例如，2010 年春节过后，国内各大网站都流传着这样一个帖子《春晚最火“吊带男”》，细心的网友还贴出了 2005 年至 2010 年春晚上“吊带男”的视频截图，同样的衣着打扮在春晚上一穿就是六年。经网友“人肉”发现，“吊带男”的真实身份是山木教育培训集团总裁宋山木。之后，宋山木和山木教育集团火速蹿红。

（4）补救表演

演员表演中的无意动作或是意外情况的发生，往往会导致表演出现不协调，这时就需要补救表演。补救措施包括演员自己所使用的表演预防性措施，比如剧班忠诚、剧班素养和戏剧规则，也包括观众帮助演员其补救表演的保护措施，比如避免进到后台、对演员的疏忽视而不见以及对新手的宽容等。例如，2008 年“5・12”汶川地震期间，万科的董事长王石在其博客中写到：万科捐 200 万是合适的……中国是个自然灾害频发的国家，因此赈灾慈善活动应该是个常态，企业的捐赠活动应该做到可持续，而不是成为负担……因此，万科特意提示员工，“每次募捐活动，普通员工捐款不要超过10元”。此言立刻遭到网友炮轰，负面影响极其严重。此后，王石及万科股东大会立即做出对策，由王石出面亲自向公众进行道歉，并以万科的名义无偿捐赠1亿元用于灾区重建。该措施取得了不错的效果，王石和万科的名誉得以保全。

2.1.3 前台化表演的评价标准

2.1.3.1 社会规范一致性标准

前台化表演的评价标准，主要是指“什么样的前台化表演可以接受”这一问题。文献梳理发现，已有研究大都采用社会规范这一标准（Luckenbill，1982；Heckart & Heckart，2002；Tittle & Paternoster，2000），认为符合社会规范是前台化行为的基本底线，称之为规范一致前台化行为（conform to norm behavior）；低于这一底线称为低规范前台化行为（under conform to norm behavior），高于这一底线称为超规范前台化行为（over conform to norm behavior）。前者明显低于社会公众的期望，后者则显著性超出了社会公众的期望。这一评价标准和Goffman（1959）的“舞台设置、外表和举止之间要保持一致性”的原则是一致的，因为社会规范的内容实质上就是对不同社会情境及其要求的具体界定，行为符合社会规范实际上就是指“外表”和“举止”与特定情境下的社会期望一致。

以企业家的前台化表演为例，文献梳理显示，现有研究更多考察了公众满意度（e. g.，赵韶丰，2000；凌仪玲，2000；Schudson，1978）、服务质量（e. g.，Bitner et al，1997）、绩效（e. g.，Goodwin，1996；Grove et al，1998）、知识存量（e. g.，Edwards，2010）等结果变量；而且更多地持线性假设，即假设符合规范的前台化行为能够带来更多的积极产出。但是，另一些研究却发现，合乎规范的前台化行为也是有风险的，比如会增加“表演者”与“剧院”相互捆绑的命运等（Gansh，1979；

Gitlin，1980；James，2004）。根据拟人化思想，某一角色的频繁“表演”会使该角色一定程度上成为“剧院”的象征，因此该“表演者”的形象损毁即为“剧院”的形象损毁（McGrath，1995）。以上两类研究结果是相互矛盾的，其原因可能有两个：一是前面的研究可能没有系统考察，至少是没有全面考察其中丰富的中介和调节机制；二是前台化行为的有效性判断标准的选择可能存在问题，社会规范作为评价标准需要重新思考。

以是否符合社会规范作为前台化行为的评价标准，有其不足之处。首先，社会规范的界定和测量非常困难，尤其是当社会规范需要考虑社会公众的反应时。其次，社会规范倾向于抽象的思想，很难用于具体的情境或背景，比如，站出来呼吁联合抵制是不合规范的，但是当民族企业家采用这种前台化行为保护民族工业时却很难评判其是非。再次，社会规范忽视了个体感知，如果评价由个体感知决定时，社会规范就不可能成为直接的判断标准。最后，和社会规范相悖的行为同样充满了魅力，至少能给人带来新奇感和神秘感（Goffman，1959）。以上说明前台化行为的有效性评价标准还需要多元化探讨。

2.1.3.2　对前台化表演评价标准的探讨

传统戏剧理论认为，戏剧是对现实生活的复制和再现（左爱琴，2011），因此，好的表演一定要具备“真实性”。真实性标准是演员进行表演的“行为标准”，通过栩栩如生的表演，好的演员能够让饰演的角色完全“复活”，让观众进入“催眠”状态，完全沉溺于戏剧剧情之中（吴琼，2011）。让我们一起回顾老艺术家陈强的故事，来更好地理解好的表演的“真实性”。

1946 年张家口保卫战间隙，联大文工团到怀来演出歌剧《白毛女》。演到最后一幕时，随着台上群众演员高呼“打倒恶霸地主黄世仁”的口号声，台下突然飞出无数果子（当地盛产果子），饰演“黄世仁”的陈强瞬间变成了“乌眼青”。在冀中演出《白毛女》，正赶上部队开完“诉苦”大会，一个翻身后刚参军的战士“咔嚓”一声拉开了枪栓，咬牙切齿地要打死“黄世仁”，幸亏一旁的班长眼疾手快，一把抢过了枪，才救了“黄世仁”一命（甘萍，2000）。

可见，演员的表演一定要显得真实：扮演“好人”的角色，就要演得善良淳朴、正直无私、乐于助人等；扮演“坏人”的角色，就要演得狡诈奸猾、无恶不作、欺压良善。总之，要符合观众根据既定社会规范所做出的预期。

但是，现代戏剧理论，特别是德国戏剧家布莱希特提出的“陌生化”理论，持相反观点：戏剧表演要和社会常识相悖，要让观众感到“陌生”（王昌凤，2005）。陌生化理论主张：戏剧表演必须表现出与现实生活不一致的“奇特化”“反常化”的情境，才能让观众保持“警醒”状态，对所看到的情境持批判和审视的态度，进而达到戏剧表演的目的（杨云云，2010）。这一个理论更多地被现代喜剧所接受，比如中国香港著名电影演员周星驰在此基础上所发展、创立的“无厘头”电影文化，通过无比夸张、混淆逻辑、颠覆常理的表演，将无数市井小人物的形象刻画得生动活泼、耐人寻味，深受年轻人的追捧（刘腾，2011）。可见，“陌生化”和“真实性”一样，都可以称为戏剧表演的评价标准。

回到社会互动中的“表演”，道理是相同的。“真实性”意味着个体的行为符合社会规范，符合大众的预期；而“陌生化”则意味着违背常理，行为夸张、奇特。遵守社会规范是传统的、一贯的处事要求，但追求个性、锐意创新也是当前许多人，特别是年轻人的行为方式。这两种行为准则孰优孰劣很难分清，但可以肯定的是，没有哪一方可以完全压倒对手而成为独一无二的行事至理。

我们认为，以是否符合社会规范来评价前台化行为，体现了一种社会学研究的范式，是站在“观众”的立场上来评价“演员”的表演。如上所述，从观众的立场来看，“真实性”的表演和“陌生化”的表演可谓各有特色，难分伯仲。既然如此，或许我们可以换个角度来思考：以“演员”自身作为评价的主体，来回答“什么样的表演才是我需要的”。Goffman（1959）指出，社会互动中的个体在他人面前所进行着复杂的表演，但其目的只有一个，给他人留下他所期望的特定的印象。按照这一逻辑，个体在表演时选择遵守还是违背社会规范，其标准只能是能否在观众心目中形成自己预期的形象。以求职面试为例，对于大多数的毕业生来说，在面试中都希望能给考官留下成熟、稳重、工作能力强的良好印象，所以其面试“表演”肯定会遵守既定的行为规范：按时到达，穿正装，标准、简洁的求职简历，彬彬有礼、不卑不亢，等等。但是，对有些毕业生来说，在面试中给考官留下思维活跃、锐意创新、不墨守成规等相关印象却非常重要，比如程序设计员、艺术设计师等，其面试“表演”肯定会不循常规，在着装、言谈甚至简历等方面做出“奇特”的表现。

总之，我们认为：以是否符合社会规范作为评价前台化表演的标准值得商榷，并且尝试着提出了以演员（行为主体）作为评价的主体，以“是否有利于达成预期形象”为标准的前台化表演评价方法。在后面的研究中，我们将对其做进一步的探讨。

2.1.4　企业家的前台化表演

企业家一般是指企业的所有者和经营者，具体包括企业的董事长、CEO、总经理等重要职位的人（王新刚，2011）。基于不同的视角研究，学者们对企业家在社会结构中所扮演的角色的界定也有所区别，比较有代表性的观点包括：企业家是风险承担者（Knight，1921），是创新者或创业者（Schumpeter，1934），是市场机会的发现者（Kirzner，1937），以及是判断性决策的制定者（Casson，1982）。从职能上来看，在企业内部企业家是管理者、政策制定和执行者，是企业经营活动的最高负责人；在企业外部，企业家则是企业的代言人和法定代表。因此，企业家的“表演”既要面对内部观众，又要面对外部观众，并且其表演的内容和形式因应观众的不同而有天壤之别。根据对文献的梳理，我们将关于企业家前台化“表演”行为的已有研究划分为“对内表演”和“对外表演”两大部分，前者包括内部经营、内部营销、内部品牌建设三个视角的研究，后者包括企业家社会资本和名人背书两个视角的研究。需要说明的是，我们搜集到的文献虽然确实是对企业家前台“表演”行为的研究，但其研究视角多是企业家前台行为对内部治理和企业绩效等结果变量的影响，鲜有学者从“表演”的角度对企业家行为进行分析和研究。

2.1.4.1 企业家对内的前台化表演

（1）内部经营管理视角

企业家（特别是CEO）在企业经营管理过程中出色“表演”是企业经营业绩众多影响因素中的一个非常重要的变量（王辉、忻榕和徐淑英，2006）。Hart & Quinn（1993）的研究发现，高行为复杂性的CEO（就像是演技突出的演员）能够为企业带来更加良好的业绩；进一步的研究结果同样支持这一观点：能够出色扮演多重角色的领导者会带来更高的企业绩效（Denison、Hooijberg & Quinn，1995）。对于魅力型领导的研究也发现，企业家魅力对下属的业绩和满意度有积极的影响（Bryman，1993；Chen & Farh，1999；House，1991；Howell & Avolio，1993）。另外，业绩表现好的管理者具有高水平的认知复杂性（Streufert & Swezey，1986）和行为复杂性（Hooijberg & Quinn，1992），并且能够在处理问题时使用多种参考框架（Dreyfus & Athanasion，1986）。

那么，企业家的内部表演是如何影响企业绩效的呢？也就是说，其内在机制是什么呢？学术界普遍认为，员工对企业的态度可能是其中一个重要的中介变量（Bryman，1992；Podsakoff、Mackenzie & Bommer，1996；Harter et al，2002；Koys，2001）。王辉、忻榕和徐淑英（2006）构建了企业家领导行为对企业经营绩效影响的模型：任务导向的企业家，其领导行为直接影响企业的绩效；而关系导向的企业家，其领导行为为与员工态度相关，并通过员工态度间接影响企业绩效（见图 2 -1）。

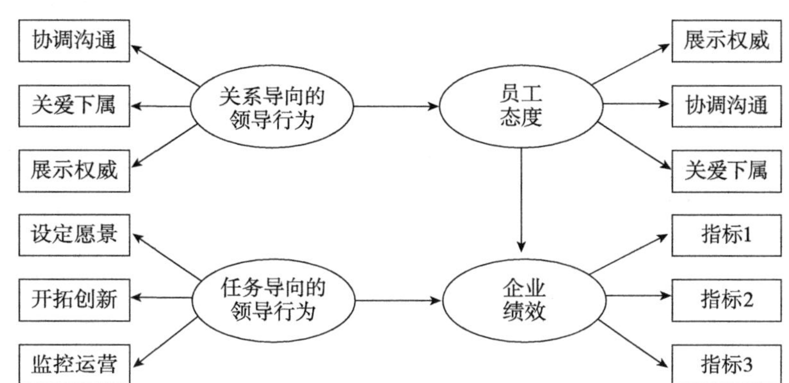

图 2 -1　CEO 领导行为对员工态度及企业业绩的影响

资料来源：王辉，忻榕，徐淑英．中国企业 CEO 的领导行为及对企业经营业绩的影响［J］．管理世界，2006（4）：32 -44.

（2）内部营销视角

内部营销思想主要是把企业员工看作是内部“顾客”，把员工工作看作是企业的内部“产品”，企业经营实际上是在满足内部顾客需求的同时实现组织外部目标（Berry、Hensel & Burke，1976）。过去几十年，内部营销理论的核心观念从最初的满足企业员工的需求（Berry，1981），发展到管理公司内部服务价值链和层级关系（Gummesson，1987），并最终进展到“内部顾客至上”（Varey & Lewis，1999）。内部营销的支持者认为，内部营销应该是高中层管理者发动的不断发展的系统过程，而不是以每年一次讲话或一次通信的方式告诉员工顾客满意很重要（Berry、Hensel & Burke，1976）。内部营销的关键之处在于，通过沟通交流向员工灌输企业的愿景、文化和价值观念。在这个过程中，企业领导者发挥着至关重要的作用（Berry、Hensel & Burke，1976；George、1990；Berry & Parasuraman，1992）。

Wieseke & Ahearne（2009）提出了内部营销理论的整体研究框架：内部营销是魅力型领导通过不断的沟通给企业员工灌输统一的组织思想，以实现其组织认同的过程（见图 2 -2）。因为在领导与企业员工的关系中，领导者是经过抽象的、符号化的企业代表，他们的思想和行为会深刻地影响企业员工（Conger，1999）。

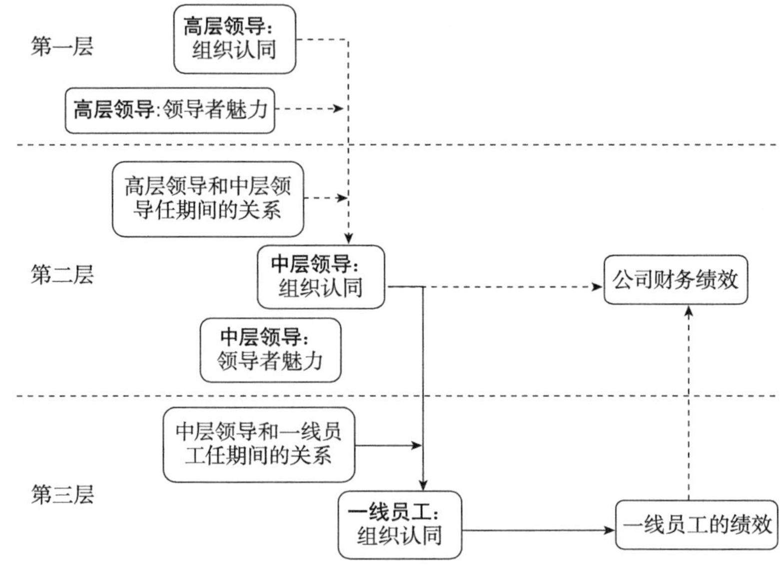

图 2－2　组织认同多层次框架

资料来源：Wieseke J.，M. Ahearne，et al. The Role of Leaders in Internal Marketing [J]. Journal of Marketing，2009，73（2）：123－145.

（3）内部品牌建设视角

企业的品牌建设要重视建立和发展内部品牌，在这个过程中，企业员工的积极参与起着重要作用（Urde，1994；Harris & Chernatony，2001；Balmer & Soenen，1999）。内部品牌建设的关键在于保持企业员工的行为与品牌形象持续地保持一致，并且在这个过程中努力地提高企业员工对品牌的认同（Macrae，1996；LePla & Parker，1999；Mitchell，2002；Tosti & Stotz，2001）。因为只有企业员工把品牌的核心价值内化为自己的价值观之后，才会出现较好地去履行企业品牌的外部承诺（Burmann & Zeplin，2004）。Morhart 等（2009）的研究发现：在企业内部品牌建设中，风格不同的企业领导往往采用不同的行为方式来影响企业员工对品牌形象的认同行为（见图 2－3）。交易型领导一般倾向于采用服从方式，因此其员工习惯于按公平法则做好职责内的工作；而变革型领导则倾向于采用内化方式，其员工在完成职责内的工作之余，还会积极完成职责外的品牌形象建构工作（Morhart et al，2009）。

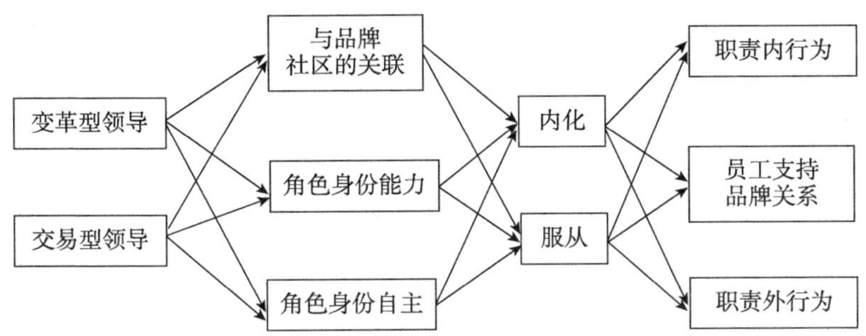

图 2－3　领导风格对员工品牌构建行为的影响

资料来源：Morhart F. M.，W. Herzog，et al. Brand－Specific Leadership：Turning Employees into Brand Champions［J］. Journal of Marketing，2009，73（5）：122－142.

2.1.4.2　企业家对外的前台化表演

（1）企业家社会资本视角

社会资本的概念受到了营销学学者的广泛关注（Batjargal & Liu，2004；Park & Luo，2001；Peng & Luo，2000；边燕杰、丘海雄，2000；贺远琼、田志龙，2006），围绕企业家或企业高层管理者的社会资本展开的研究，取了较多的成果。比如，有研究发现企业领导者与政府官员的良好社会关系有利于增进企业绩效（Park & Luo，2001；Peng & Luo，2000）。另外，企业高管在政府机关任过职，或是在跨行业的其他企业任过领导职务，其社交的广泛性和影响力会显著提升企业的经济效益（边燕杰、丘海雄，2000）。孙俊华、陈传明（2009）将企业家社会关系网络从纵向关系，如与政府的关系，拓展到横向关系，如与供应商关系，并通过实证研究发现：企业家纵向关系（如政治身份）对企业的经营绩效有显著影响，企业家与供应商的关系网络越大，企业的经营绩效也越高。

贺远琼、田志龙（2006）以海尔、宝洁和新希望三家企业（分别代表国有企业、外资企业和民营企业）为案例，通过收集有关三家企业的高层管理者的新闻报道进行分析，将企业家行为划分为市场行为和非市场行为（见表2－1）。经过描述性对比分析，他们发现：频繁参与非市场活动是企业家为企业积累社会资本的普遍做法，其中民营企业对企业家的依赖程度最大，而外资企业更多依赖于大的企业平台，国有企业则介于两者之间。

表2－1　企业高层管理者社会活动的分类

类别	子类别和定义
高管人员	总经理，或董事长
	副总经理
非市场活动	公益活动，例如，慈善捐助、赞助体育赛事、教育事业等以及文化艺术事业活动
	公关活动，例如，邀请政府官员、新闻媒体等参加企业重大活动等
	参观活动，例如，邀请外部的利益相关者到企业参观考察等活动
	参与性活动，例如，参加政府、媒体等组织的活动
市场活动	战略性活动，例如，制订战略规划、结成战略联盟等
	战术性活动，例如，新产品推广、市场调研等

资料来源：贺远琼，田志龙．企业家行为与企业社会资本［J］．财贸研究，2006(1)：81－91.

（2）名人背书视角

名人背书是非常流行的广告形式，因为消费者可以通过他们直接联想到其代言的产品或公司品牌。名人背书的代言人主要包括社会名人、企业家、行业专家以及典型消费者等（Freiden，1984）。Friedman & Termini（1976）以桑格里厄汽酒广告为例，分别使用电影明星、典型消费者（一个学生）、酒类专家和公司CEO作为广告代言人进行实验研究，结果发现：与其他类型代言人相比，电影明星作为广告代言人时，消费者试用和购买产品的意向更高。Rubin et al（1982）以一家连锁家具公司为背景，分别使用CEO和普通消费者作为广告代言人进行实验研究，结果发现：使用CEO做代言人要比普通消费者更能获得广告受众的信任和支持。Reidenbach & Pitts（1986）以11家企业的CEO作为研究对象，测验了他们在广告中作为品牌代言人的说服力和可信度，以及消费者对广告、产品和品牌的态度，结果发现：只有当消费者感知CEO可信度较高时，CEO作为广告代言人才能产生积极的效果。

当然，CEO对其所在企业品牌的背书关系并不仅仅出现于广告当中，因为作为社会名人，他们具有强大的社会影响力，他们的名字家喻户晓，吸引着大规模公众的注意，具有相当的社会和经济价值（Gamson，1994）。Treadway & Adams（2009）提出企业家背书效力的中观模型（见图2-4），通过分析发现：CEO的政治技巧和媒体关注，能够显著影响CEO将个人知名度转化为个人及公司声誉，并最终对企业绩效产生影响。该研究的提出建立在三个假设之上：名人CEO是个社会现象，利益相关者对名人CEO的反应是关键；为了获取长期绩效（如持续的竞争优势），CEO知名度必须转化为CEO和公司的声誉；因为名人的本质是社会现象，为了利于形象的管理，名人CEO必须使用政治技巧。

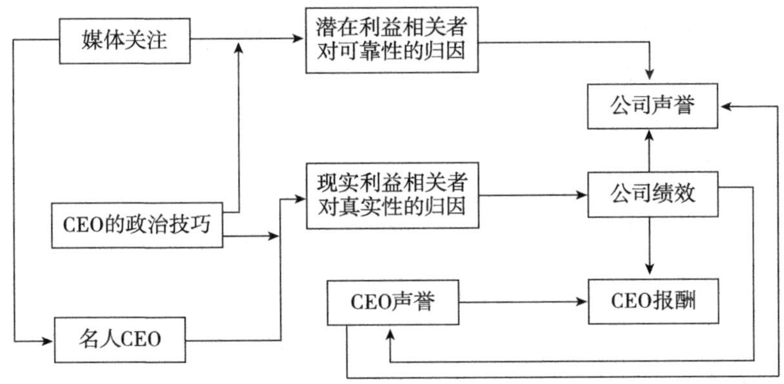

图2-4 企业家背书效力的中观模型

资料来源：Treadway D. C.，G. L. Adams，et al. A meso-level conceptualization of CEO celebrity effectiveness [J]. Leadership Quarterly，2009，20（4）：554-570.

（3）企业家微博行为

随着微博的流行，越来越多的企业家将微博作为企业家个人品牌和企业品牌塑造的重要工具。企业家通过写微博进行自我展示和呈现，试图建立与消费者之间的联结和关系，以期影响消费者对企业家形象以及品牌形象的认知。但实践中，企业家们对于如何运用微博与社会大众进行有效沟通缺乏理论指导，凭借主观经验发布微博信息并没有带来预期的效果，有些甚至导致了负面影响。朱丽娅博士（2014）结合本土文化特征，将企业家微博信息分为展示其如何“做人”和如何“做事”的信息两类，并通过实验法探明了企业家发布这两类微博信息对其形象评价的影响结果：当企业家发布“做人”或“做事”的微博信息时，消费者都能给予企业家形象显著的正面评价；在这一过程中，消费者道德身份起着显著的调节作用，对于道德身份自我重要性高的消费者，企业家展示“做人”（相对于“做事”）的信息会得到消费者对其形象的较好评价；对于道德身份自我重要性低的消费者，企业家展示“做事”（相对于“做人”）的信息会得到消费者对其形象的较好评价。同时，企业家知名度与微博信息类型对企业家形象评价具有交互影响。对于知名度较低的企业家，通过微博展示“做人”（相对于“做事”）的信息会得到消费者对其形象的较好评价；而对于高知名度的企业家，“做事”（相对于“做人”）的微博信息会得到消费者对其形象的较好评价。这是由于，对于低知名度企业家，消费者更容易受“先做人，后做事”的传统文化线索影响，“做人”（相对于“做事”）的信息更能够受到消费者关注，赢得消费者信任。对于高知名度企业家而言，消费者更可能将其与高的社会地位和人生成就联系在一起，更想了解其如何获得成功的（“做事”的信息），因此“做事”（相对于“做人”）的信息更能赢得消费者的积极评价。

2.1.4.3 企业家前台化表演的其他分类

（1）超规范和低规范的企业家前台化表演

结合研究需要，有关行为偏离的研究值得去梳理和回顾。因为企业家的前台化行为的表现形式也常常出现偏离的现象。比如，江苏黄埔资源有限责任公司董事长陈光标的高调慈善行为被人称之为“暴力慈善”。再如，阿里巴巴董事长马云在公开场合号召员工只捐 1 元钱的社会慈善行为。

在社会学领域中，有关行为偏离的研究相当丰富。行为偏离主要指在既定的群体当中，违背了群体可接受的行为和外貌标准的属性或者条件（Tittle & Paternoster，2000）。但是也有学者认为行为偏离指的是在一定的社会系统内违反了社会规范的行为，而且有学者补充，违反社会规范的程度要达到产生社会激烈的反应才能称之为偏离行为（Best & Luckenbill，1982）。虽然学者们对于偏离行为的定义存在一定争议，但是，总体而言行为偏离主要体现在社会规范和社会反应两个方面（Liska，1981）。社会规范（客观主义）指的是当一个人违背社会群体行为的规范时偏离产生，一个违背者也就是一个偏离者（Cohen，1966）；社会反应（主观主义）强调社会公众对偏离行为评价方面的反应（Becker，1973）。

随着研究的深入，学者们对偏离行为做出了进一步的区分。以往学者对偏离行为的研究主要集中于负面行为，即有害的行为或边缘化的个体等。到了 20 世纪 80 年代末 90 年代初期，学术界开始出现对正面偏离行为的研究，比如 Goode（1991）和 Sagarin（1985）。此时学术界普遍认为，正面偏离行为是指那些达到或者超出规范性期望而得到正面评价的行为；而负面偏离行为则指的是那些未达到或者低于规范性期望而得到负面评价的行为（Ben－Yehuda，1990）。

结合以往的研究成果，Heckart & Heckart（2002）提出了四象限的行为偏离。由于以往学者是从两个视角去定义偏离行为，一个视角是客观主义观点，即行为本身是否与现有的社会规范发生正面或者负面的显著差异（Tittle & Patermoster，2000；Hawkes，1975）；一个视角是主观主义观点，即社会公众对偏离行为的正面或者负面的评价（Becker，1973）。在上述分析的基础上，Hecket & Heckart 将行为偏离划分为四个象限，如图 2－5 所示。

如图 2－5 所示，与社会规范发生差异的正面偏离行为被称之为正

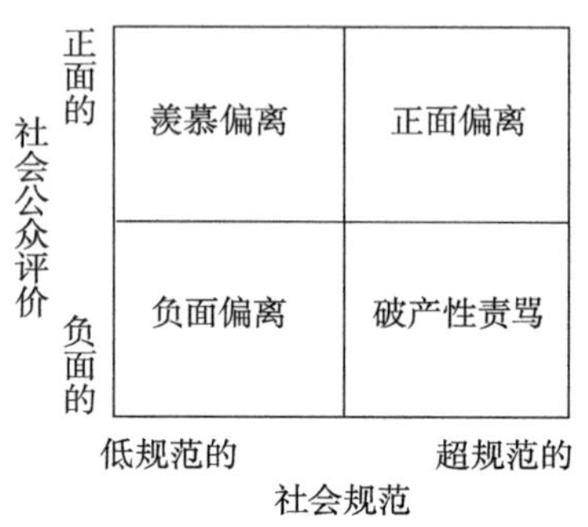

图2-5　偏离行为的四象限图

资料来源：Heckert A.，Heckert，D. A new typology of deviance：Integrating normative and reactivist definitions of deviance，Deviant Behavior：An Interdisciplinary Journal，2002，23：449-479.

面偏离（positive deviance）；而与社会规范发生差异的负面偏离行为被称之为负面偏离（negative deviance）。与社会规范发生差异而产生社会公众正面评价偏离行为被称之为羡慕偏离（admiraton deviance）；与社会规范发生差异而产生的社会公众负面评价偏离行为被称之为破产性责骂（rate busting）。

国内学者王新刚（2011）指出，偏离行为的四象限分类法存在两方面的局限：一方面，该分类方法忽略了不同个体对同一偏离行为可能产生不同的感知。由于个体对社会规范、偏离行为动机等方面的感知差异可能产生对偏离行为评价的争议。另一方面，对于同一偏离行为可能会产生既是破产性责骂，又是羡慕偏离行为。因为个体的差异性，对同一偏离行为的评价应该是正负面评价共存的。所以，企业家前台化行为的偏离只需以社会规范为标准，而无需考虑社会公众的评价。王新刚将企业家偏离的前台化行为划分为超规范行为（overconform to norm behaviour）和低规范行为（underconform to norm behaviour）。并根据统计学意义去定义超规范和低规范行为。当企业家前台化行为满足统计上的少见和群体行为时，如果偏离行为位于正态分布图的最左端，就是超低规范行为；如果偏离行为位于正态分布图中最右端，就是超高规范行为，如

图 2－6 所示。

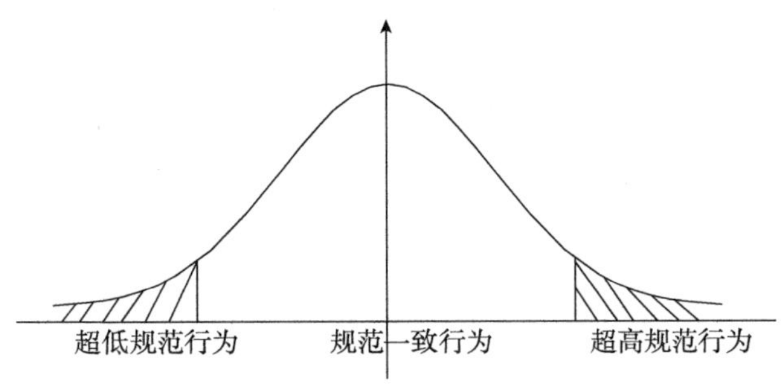

图 2－6　超高/低规范行为分类

资料来源：王新刚．企业家社会责任行为偏离对品牌形象的影响［D］．武汉大学，2011：47.

（2）一致性表演和非一致性表演

企业家前台化表演的一致性指的是企业家宣称的行为与实际行为相符合；而企业家前台化行为的非一致性是企业家实际行为偏离了公开宣称的行为（Wagner et al，2009）。比如，以往蒙牛集团的董事长牛根生曾多次公开宣称，要树立企业社会责任观念，为消费者提供优质安全的牛奶，但是蒙牛却多次爆发出产品伤害事件。一般来讲，一致性行为能够产生正面评价，而不一致性行为则会产生负面评价。由于负面信息比正面信息具有更加显著的影响力（Sen & Bhattacharya，2001），所以关于非一致性的行为更受学者的关注。因为一旦企业家前台化行为出现不一致的信息，那么企业家将遭到质疑和信任危机，也会让企业蒙受损失。

非一致性行为之所以产生负面影响在于消费者对企业家所宣扬行为的动机产生怀疑。以企业社会责任的非一致性行为为例，Wagner 等（2009）对此问题进行了实证检验。他们认为，不一致的企业社会责任行为让消费者对企业产生伪善感知，从而对企业态度产生消极的变化，如图 2－7 所示。在人际社会中，如果个体发现某人宣称的行为与实际观察到的行为不一致时，就会对此人产生伪善的感知（Shklar，1984）。由于 Aaker（1997）认为企业具有人格化特点，并且该观点普遍为当代营销学者认可（Ogilvy，1983），所以，当企业出现企业社会责任不一致行为时，企业就被认为是伪善；伪善会直接影响到消费者对企业的整体评价或者通过改变对企业社会责任信仰而影响消费者对企业的整体评价。

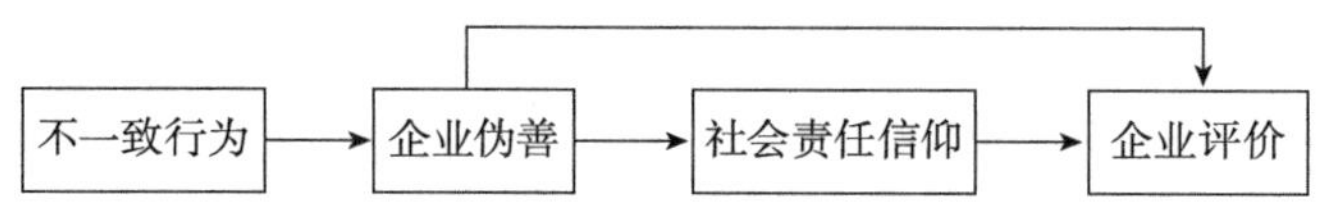

图2－7　不一致行为对消费者企业评价的影响及机制

资料来源：Wagner T.，R. J. Lutz，et al. Corporate Hypocrisy：Overcoming the Threat of Inconsistent Corporate Social Responsibility Perceptions [J]. Journal of Marketing，2009，73（6）：77－91.

（3）短期行为和长期行为

企业家前台化行为可能表现为短期行为和长期行为。短期行为是为了实现特定的目标而临时为之的行为，而长期行为则是一贯坚持的行为。根据 Vanhamme & Grobben（2009）的研究，行为历史的长度决定着公众对企业家前台化行为动机的判断。

Vanhamme & Grobben 研究指出，当企业遭遇危机事件时，如果企业希望通过企业社会责任的行为来化解危机，那么，危机能否化解则取决于企业社会责任行为的历史长度。具体结论是：当企业利用企业社会责任行为抵御危机事件时，相比于企业社会责任行为历史长的企业，企业社会责任行为历史短的企业产生的效果更差。行为历史的长度之所以会决定企业社会责任行为对危机事件的抵御程度，是因为行为历史的长度决定着消费者对企业社会责任行为动机的怀疑，具体如图 2－8 所示。

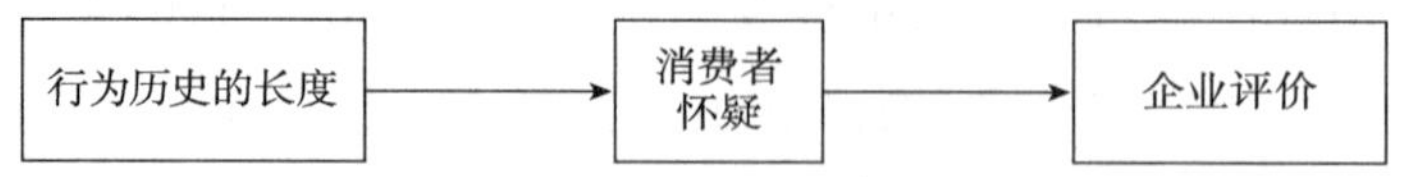

图2－8　行为历史的长度对企业评价的影响及机制

资料来源：Vanhamme，J.，B. Grobben. Too Good to be True! The Effectiveness of CSR History in Countering Negative Publicity [J]. Journal of Business Ethics，2009，85：273－283.

营销研究的文献表明，消费者通常会怀疑公司利用企业社会责任作为获取企业合法性（legitimacy）的工具。比如，Webb & Mohr（1998）发现，相比于非营利组织，消费者对商业组织愿意从事公益活动表示怀疑。因为消费者普遍认为商业组织行为的动机就是为自己服务的。如果消费者对企业社会责任行为动机产生怀疑，那么就会对这样的企业产生消极评价（Ellen et al，2002；Mohr et al，2001）。

为了去辨别企业社会责任行为的动机，企业社会责任行为的历史提供了具有说服力的线索。因为消费者认为短期履行社会责任的企业只是为了解决危机或为了特定目的。这样的公司只是为了自己的利益，而不太可能考虑他人利益。因此，企业社会责任历史短的公司将遭受消费者的怀疑，从而对公司形成消极的评价。可见，对于企业领导者前台化行为也是一样，如果企业家所呈现的前台化行为是一种短期行为，那么也很可能让消费者怀疑其行为动机的真实性。

2.1.5　文献评述

通过前文对前台化表演以及企业家前台化行为的回顾，我们发现前人的研究在以下几个方面已达成共识：首先，对前台化表演的内涵具有基本上一致的理解，即前台化表演是指社会互动中的个体或群体有意识地在观众面前进行自我展示，并希望给其留下特定印象的行为。其次，关于前台化表演的互动机制，已形成广泛认同的研究模型，即一套包括演员（Actor）、戏班（Team）、观众（Audience）、舞台（Setting）和表演（Performance）等要素在内的完整的研究框架。再次，对“什么样的前台化表演是可以接受的”这一问题也寻求到广泛认同的答案，即社会规范一致性标准，或者说“舞台设置、外表和举止之间要保持一致性”的原则。最后，都认识到企业家前台化表演的重要性，并从不同的角度对企业家前台化行为进行研究，取得了较为丰硕的成果。

但是，上述文献也显示，现有的关于前台化表演（企业家前台化行为）的研究尚存在以下几个方面的不足：

第一，前台化行为的内涵揭示的还够全面，对“被前台化行为”的研究明显不足。已有的少量关于被前台化行为的研究主要集中于应对危机事件的前台化行为上，属于公共关系研究范畴，不是从营销的角度来思考和探讨的；并且所探讨的被前台化行为基本上都属于被外部顾客前台化行为，被内部员工前台化行为研究基本缺失。

第二，以“与社会规范一致”作为前台化表演的评价标准，是值得商榷的。首先，社会规范倾向于抽象的思想，很难用于具体的情境或背景，并且其界定和测量比较困难；另外，社会规范忽视了个体感知，如果评价由个体感知决定时，社会规范就不可能成为直接的判断标准；最后，社会规范是在不断发展和变化的，很多和当前社会规范相悖的行为同样具有独特价值。

第三，对前台化行为的研究大量存在于社会学和公共管理领域，有关企业前台化行为研究相对不足，而与营销相结合的更是匮乏。在研究对象上，尽管学者们已普遍认识到企业家前台化行为的重要性，但现有研究更多地集中于演员、政治家、品牌代言人等社会公众人物，针对企业家的研究还非常少。

基于此，本研究以企业家前台化表演中的着装为背景，探讨企业家不同行为方式对其形象的影响，以及其中的内在机制。本研究的结论将会是对拟剧论以及前台化行为理论的有益补充。

2.2 着装相关研究文献回顾

2.2.1 着装及其研究现状

2.2.1.1 着装及相关概念

根据《当代汉语词典》的解释，着装是指：穿衣服，或者穿在身上的衣服（莫衡，2001）。前者作动词解释，后者为名词。西南大学的李学垠博士从美学的角度对着装进行了定义：着装是指由服装和身体共同组成的外观形态，是服装与身体的组合在头脑中形成的视觉结构，是对个体的衣着状态的整体知觉（李学垠，2010）。徐薇则是从行为过程与决策的视角出发，将着装定义为“所有关于个体进行衣着修饰行为的决策与行动过程”（徐薇，2010）。和着装相关的概念包括服装、服饰、外观等，具体内容见表 2 –2。

表 2 –2　着装及相关概念

基本概念	基本概念释义
服饰	装饰人体物品的总称（包括服装、鞋帽、领带、围巾、袜子、手套、提包等）（服装术语标准，1995：142）
服装	（1）穿于人体起着装饰和保护作用的所有制品（服装术语标准，1995：142）；（2）任何穿于身体上，并且具体可见的物件；（3）人体外观的一部分，是我们通过购买、接受或制造所取得并穿戴在身上的物品，常表现为服装和身体的整体视觉结构（徐宏力，关志坤，2007）；（4）人和衣服的总和，人体和衣服组合后的着装状态（张辛可，2005；刘元凤，1997）；（5）由人（着装者）、服装（包括饰物等）和着装方式三个基本要素构成（李当岐，2006）
外观	透过人体或任何视觉上可察觉的覆盖、修整或美化所造成的整体形象，包含服装和身体的视觉结构。Stone（1965）认为从社会关系角度看外观还是一种社会历程
外观知觉	指观察、推论或评估他人外观的过程，是日常生活中的普遍行为，即便这些工作大部分发生在个体的潜意识层面（Kaiser，2000：3 –4）
外观管理	所有有关外观的注意、决策和行为过程，既包括服装的购买及穿戴行为，也包括修饰身体的过程。每个人都常常进行某种形式上的外观管理工作（Kaiser，2009：5）
外观沟通	个体通过视觉上的个人线索，有意地交换信息的过程；个体的外观管理和外观知觉构成了外观沟通（Kaiser，1997：253）
情境	指个体着装的社会环境或日常生活结构，包括着装和信息接受者分别具有的个性特质，以及他们之间的关系和互动行为发生的环境（Kaiser，2000：34）

资料来源：李福东．心理咨询师着装类型对来访者求助意愿的影响［D］．西南大学，2012.

本研究中，我们主要考察企业家前台化表演时的着装对其形象的影响。当企业家在社会前台表演时，观众所看到的“企业家着装”是静态的，即穿着企业家身上的服装。观众会接收企业家着装所传达的符号化信息，并以此为基础形成对企业家的看法。同时，企业家着装又是一个动态的过程，因为由于着装的重要性，企业家都会对其服装进行认真的选择和权衡，甚至越来越多的企业家开始聘请专业的团队为其提供着装决策指导（Laura P. Naumann，2009）。可见，本研究中的着装概念，既包含了静态的“服装和身体共同组成的外观形态”，也包含了动态的“进行衣着修饰行为的决策与行动过程”。

2.2.1.2 着装的研究现状

首先，我们以“着装”为搜索词（包括标题和关键词）在中国知网“中国博士学位论文全文数据库”和“中国优秀硕士学位论文全文数据库”进行搜索，共检索到相关硕博论文 421 篇，其中博士论文 35 篇，优秀硕士论文 386 篇。我们对这些论文进行了大致的归纳和分类，主要分为以下 5 个视角：

第一，服装设计与制造视角，主要从服装设计、工艺、制材等方面进行研究。代表性论文如《人体微气候热湿传递数值模拟及着装人体热舒适感觉模型的建立》（刘丽英，东华大学 2002 年博士论文）等。

第二，艺术及审美视角，主要从艺术和美学角度出发研究个体与服装的最佳组合形式。代表的论文如《着装意象审美生成研究》（李雪垠，西南大学 2010 年博士论文）和《社会角色的装扮艺术》（鲁静，上海戏剧学院 2012 年硕士论文）等。

第三，文学与历史视角，主要研究文学作品或历史发展中的服饰特质与变迁。代表性论文如《六朝文学中的服饰文化研究》（牛犁，江南大学 2006 年硕士论文）和《北朝世俗服饰研究》（宋丙玲，山东大学 2008 年博士论文）等。

第四，服装应用与心理视角，主要研究不同群体的着装习惯、特征以及相关的心理感知等。代表性论文如《中国商务男士着装习惯及指导性方案研究》（朱迪，东华大学 2010 年硕士论文）和《心理咨询师着装类型对来访者求助意愿的影响》（李福东，西南大学 2012 年硕士论文）等。

第五，服装营销视角，从市场营销角度对服装销售行业进行研究。

代表性论文如《论当代中国成衣品牌与目标消费群的关系》（张立川，清华大学硕士论文，2007）等。

在上述 5 个视角的研究中，服装设计与制造视角的论文数量最多，而服装应用和心理视角的则最少。可见，国内学者主要聚焦于服装的工具属性，对其在社会互动中的符号功能及相应的心理机制还不够重视。对于企业家在社会前台表演中的着装，更是缺乏研究。以“服装”为关键词在中国知网“中国学术辑刊全文数据库”进行检索的结果也同样支持上述观点。

为把握国外有关着装与社会互动的研究状况，我们以“Clothing”“Dressing”“Appearance”为关键词在“Business Source Complete（BSC）-EBSCO”数据库进行了检索，并选取和本研究紧密相关且引用率较高的 30 多篇学术论文进行重点研读，其中大多来自期刊 *Clothing and Textiles Research Journal*（SSCI）。这些论文从不同角度对着装在社会互动中的功能进行研究，其结论大致可以分为着装与社会身份表达、着装与性格特质表达以及着装与人际情境塑造等三个方面的内容，对此我们将在后面部分详细论述。

2.2.2　着装风格的界定

2.2.2.1　以往研究中着装风格的界定

着装风格（dressing style）是一个非常流行化的用语，在日常使用中多指个体的着装所具有的特色或给他人的感觉或印象，比如英伦风格、嬉皮士风格、萝莉风格等。在有关着装的学术研究中，着装风格一般指对个体或群体的服装类型或特征所进行的划分，如职业装和休闲装（professional VS. casual）、正装和非正装（Formal VS. Informal）等（Sebastian et al，2008；Lightstone K. et al，2011）。Johnson et al（2008）总结了 1955 年至 2004 年有关“着装与人类行为”的 93 篇文章，发现以往学者在研究中对着装风格的划分方法主要包括：正式装和休闲装

(level of formality: formal VS. casual)、时尚着装和过时着装（fashionable VS. unfashionable)、精心装扮和随意着装（well - dressed VS. casually dressed)、嬉皮士着装和传统着装（Hip VS. conventional)、制服和非制服（uniform VS. no - uniform)、有吸引力的着装和没吸引力的着装(attractiveness VS unattractiveness)，等等。其中，在经济管理相关领域，最常见的着装风格分类是正装和休闲装。

我们认为，以往学者对着装风格的界定更多是基于静态的着装概念，侧重于个体所穿服装的特色，这就很难达成能够得到广泛认可的着装风格分类。学者们使用的多种分类方法，并非泾渭分明，很多概念之间存在交叉或重叠，比如“有吸引力的着装”（attractiveness）既可以是正装也可以是休闲装，既可以是时尚的也可以是过时的。而且，即便学者们采用了相同的概念，但所指的具体内容往往也并不一致，比如不同学者对“商务正装”和“商务休闲装”的理解就有显著差异，具体描述见表2-3。

表2-3 以往研究中对商务着装的操控

	商务正装（formal dress）	商务休闲装（business casual）
男性	商务套装、衬衣和领带（Fortenberry et al, 1978） 黑色套装和领带（Kwon & Johnson - Hillery, 1998） 白衬衣和休闲长裤（Patton, 1999） 白衬衣、领带、皮鞋（Brase & Richmond, 2004） 运动外衫、长裤、休闲皮鞋（Robertson, 2007）	衬衫和短裤（Kwon & Johnson - Hillery, 1998） 汗衫、橡胶底鞋（Robertson, 2007） 白T恤、牛仔裤、运动鞋（Brase & Richmond, 2004）
女性	衬衫、裙装、尼龙袜、皮鞋（Richmond, 2007） 西服套装、白衬衣、皮鞋（Brase & Richmond, 2004） 黑色两件套裙装、白衬衣（Lukavsky et al, 1995）	卡其装、高翻领毛衣和休闲鞋(Robertson, 2007) 格子夹克、短裤（Kwon & Johnson - Hillery, 1998） 白衬衫、长袖开襟羊毛衣、前开叉短裙（Lukavsky et al, 1995）

资料来源：作者根据相关文献整理。

2.2.2.2 本研究对着装风格的界定

企业家作为商界的精英群体，公众对其着装具有深刻的刻板印象，就如《华尔街日报》上的一篇文章所说："深色西装是一个 CEO 最安全的穿着"（Wall Street Journal，2008）。从角色理论的视角来看，西装是一个企业家角色的规范性着装。站在公众的立场看，正如 Molloy（1988）所描绘的那样，"我们更容易相信、尊重和服从穿着西装的男人（相比于穿休闲装的）……在任何层次的社会里，西装都是和权威、地位、权力紧密相关的"。

然而，近年来美国商业界开始流行一个新的着装趋势——"便装 CEO"（CEO Casual），越来越多的企业家开始提倡尊重个性，倡导休闲、随意的着装，在他们眼里西装成了守旧、顽固的信号。对这些企业家来说，穿着和角色期望不一致的便装，是自我特质的体现，能够给公众和公司员工"传递一个现代的、创造性的信息"。

因此，在本研究中我们将企业家的着装风格划分为两类——"与自我一致"的着装和"与角色一致"的着装。大多数情况下，与自我一致意味着与角色的不一致，因为自我意味着个性，意味着独特；而角色则是一种普遍性的社会规范。就企业家着装来说，其社会性着装规范或角色的着装期望是西装，与角色一致意味着穿西装；相反，与自我一致一般则是指休闲装。所以，很多时候企业家需要在这两种风格中做出选择，因为不同风格的着装对其形象会产生不同的影响，对此我们将在本研究中进行实证考察。

2.2.3　着装在社会互动中的功能

2.2.3.1　社会身份表达功能

服装是最具社会身份表达功能的产品（Bull，1975；Davis，1984；Kaiser，1985；Stone，1990），因为服装用于我们每个人的日常活动，构成了个体最常见的外部展示，并且服装的选择是非常容易操控的（Feinberg et al，1992）。在社会互动中着装具有传达个体社会身份信息的功能，一个人的着装越好就越容易被看作是具有较高的社会地位

(Fortenberry et al, 1978)。因为每个人都偏好使用和自己社会身份相一致的服装（Furby, 1978; Csikszentmihalyi et al, 1981; Solomon, 1983; Belk, 1987)。

服装在互动中所具有的这种符号表征能够传递某种特定的刻板印象（刘春、赵平，1998），让观察者对特定着装者的身份和行为产生不同的期望和判断（Greenstein & Knottnerus, 1980）。比如，穿着深色正式西装的个体更容易被认为是商务人士。而且，着装可以在互动中给他人传递有关阶层、地位之类的信息（郜元宝等，2005），这些信息在初次见面时对他如何评价着装者具有特别重要的影响（李宏伟，2000）。

着装的社会身份表达功能在组织着装中得到了更充分的体现。特定组织的统一着装，比如军装、警装等，实际上是一套多层次的符号识别系统（Pratt & Rafaeli, 1997），组织成员甚至社会公众可以通过个体的着装来识别其在该组织中的角色、地位和职权。一些企业也采用了这种具符号识别功能的组织着装，比如很多酒店、餐厅的着装就具有身份识别的功能，不同职务、工种的员工在着装的颜色、款式等方面具有显著差异（Morgan M., 1991）。

2.2.3.2 性格特质表达功能

服装是人类的第二皮肤，能够表现着装者的人格特质（赵伶俐，2009），不同的服装风格意味着不同性格特质的线索。Naumann L P.(2003）指出，服装是人们个性化的延伸和外部表达，人们更偏好和自我具有相似个性的服装类型（Buckley & Roach, 1974, 1981）。比如，艺术家、文艺工作者更喜欢个性独特的休闲服饰，而严肃认真、一丝不苟的公务员或商务人士则更喜欢穿正装。

观察者可以通过个体的着装对其某些个性特质做出准备的判断（Naumann L P. et al, 2003）。让被试观看处于标准姿势（standardized condition）的个体照片，被试可以对其开放性（extraversion）、自尊（self - esteem）和虔诚（religiosity）做出准备的判断；当照片中个体处于自发姿势（spontaneous condition）时，被试可以准确判断的个性特质则更多（Naumann L P. et al，2003）。另外，个体的着装风格还是判断其是否有责任心的有效指标（Albright et al，1988；Borkenau & Liebler，1992）。

服装的款式、颜色和搭配等都具有符号表达的功能。比如，穿着传统的深色西服的个体容易被理解为高傲或难以亲近（李宏伟，2000）。相比于西裤，穿着牛仔裤的教师更容易被解读为有趣和平易近人（Butler & Roesel，1989）。一项针对护士服装的研究（Miller、Mann & Grim，2010）发现，穿着休闲服饰（非职业装）的护士可能被认为不那么平易近人。Damhorst & Reed（1980）的研究发现，身着深色外套的女性会显得比较有能力（精明、有权力、更专业）。

2.2.3.3　人际情境塑造功能

着装不仅和个体的社会身份以及个性特质有关，还有其社会情境方面的要求。着装要和相应的社交情景相一致——在正式场合一般适合穿着西装、套装等庄重、整齐的服装，而在娱乐休闲场合则更适合穿着休闲装（R J. Sebastian et al，2008）。穿着与情景不匹配的服装，个体很可能会导致观察者的消极评价。美国著名形象设计师 Morley 通过对 100 位美国人力资源专家的调查发现，93% 的求职者在首次面试中会因为不合适的着装和举止被拒绝（侯箴，2006）。即便在休闲娱乐场合，不合适的服装也会起到负面作用。比如在音乐会上，不恰当的着装会降低人们对演奏者的音乐能力的评价（Griffiths，2010）。

服装也是个体定义社会情境的依据。同时，着装的变化也能够调节人际情景的氛围。我们到一个陌生的场合，往往会根据在场人员的衣着来判断情境的大致类型。Tharin（1981）的研究发现，让被试穿戴整齐时可以减少活动的噪音、意外和冲突，而且衣着不暴露的个体制造意外的概率也相对较低。Kaiser（1993）发现，在具有特殊定义的社会情境中，个体的着装对行为的影响更大。着装也会影响情境的氛围：西装会让人感到严肃，而休闲装则会让人感到舒适和放松；女士穿西装会给人较为强的商业印象。

2.2.4 着装对他人行为的影响

Johnson et al（2008）总结了1955年至2004年有关“着装与人类行为”的93篇文章（见表2－4），结果大部分研究均发现了着装对他人行为具有显著影响。

表2－4 以往研究中关于着装对他人行为影响的发现

行为类型（因变量）	研究总量	有影响	无影响
帮助（helping）	30	24	6
服从（obedience）	27	20	7
领域侵犯行为（lnvasion of interaction territory）	11	11	0
表露（disclosure）	6	6	0
顾客服务（customer service）	5	4	1
攻击（aggression）	6	5	1
诚实（honesty）	4	4	0
凝视（gaze）	3	3	0
约会（dating）	1	1	0
患者行为（patient behavior）	1	1	0
总计（total）	93	79	15

资料来源：Johnson K. K. et al. Dress and Human Behavior：A Review and Critique［J］. Clothing and Textiles Research Journal，2008（26）.

众多研究发现，着装对他人行为的影响遍布社会生活的众多领域。在教育方面，和职业装的教师相比，学生更喜欢休闲装的教师，但对其信任度较低（Lightstone et al，2011）；教师着装还可以显著影响大学生的学习质量及对课程的评价（Carr et al，2009）。在心理学实验情境中，女士穿休闲装/男士穿职业装时更能获得被试的较好配合（green et al，2005）。在医学领域，穿着白色外套的医生能让患者对其更有信心（Mistry et al，2009）；传统的白色护士装会让患者产生诸如紧张（Ikusaka et al，1999）、焦虑（殷玲玲等，2010）和恐惧（Meyer，

1992）等负面情绪；把儿科护士的服装改为彩色后，儿童对护士的评价更加积极（Festini et al，2009）。对新闻节目来说，保守的服装（如深色的西装、女衫）能够提高观众对男女主播的信任评价（李宏伟，2000）。另外，在营销领域的研究发现，服务人员合适的着装可以提高顾客的购买意愿，并提升他们对服务质量的期望水平（Shao、Baker & Wagner，2004）；着装还会对广告的收视率产生影响，恰当的着装能促进信息的沟通并强化观众对着装者的反应（O'neal & Lapitsky，1991）。

2.2.5　文献评述

通过前文对着装相关文献的回顾，我们发现着装现象得到了国内外学者的广泛关注和深入研究，并取得了较为丰硕的研究成果：首先，学者们都认同个体的着装具有不同的风格，并根据各自的研究情境提出了不同的分类方法；其次，发现了着装在社会互动中发挥着重要的功能，包括社会身份表达、性格特质表达以及人际情境塑造等；最后，众多研究发现了着装对他人行为有着重要的影响，并且体现在社会生活的各个领域。

但是，现有的对着装的研究也存在一些不足之处：

第一，学者们对着装风格的划分缺乏一致性的标准，不同学者所使用的着装风格划分存在着明显的交叉和重叠现象，甚至同一概念所指代的具体内容也往往并不一致。为此，本研究从社会互动的视角出发，提出了"与自我一致"和"与角色一致"的着装风格分类方法，并通过实证研究检验其对企业家形象的不同影响。

第二，尽管学者们一致同意着装对他人行为具有显著影响，但对于其影响作用的内在机制揭示的还不够深刻。本研究以企业家在前台化表演中的着装为背景，探索企业家的不同着装风格对其形象塑造的影响的内在机制，其结论将会是对现有着装理论的有益补充。

第三，虽然有学者研究了着装现象在经济领域的应用，比如销售人员的着装对消费者购买意愿的影响等，但没有重视企业家着装这一重要现象。企业家是社会经济活动的重要角色，其个人形象对品牌和企业具有重要意义。研究企业家着装对其个人形象的影响，具有重要的实践价值。

2.3 企业家形象相关文献回顾

2.3.1 企业家形象的界定

形象是指个人、组织或产品给大众的印象，是人或事物看起来在脑海中所呈现的画面（Oxford Advanced Learner's Dictionary，2000）。可见，形象是主客体相互作用的结果，既包括主体影响客体的方式，也包括客体对主体的感知。当前有关企业家形象的研究，可以分为社会学、管理学和营销学三个视角。

从社会学视角来看，个体形象存在于一定的社会构造中，它产生于评价对象和利益相关者在特定环境中所建立的关系（Ashforth & Gibbs，1990）。也就是说，企业家形象产生于特定的社会认知过程（Granovetter，1985；white，1981）。企业家有众多的评价者，并且这些评价者往往采用不同的评价标准。评价者之间相互交换有关该企业家行为相对于社会规范和期望的信息，最终形成了对该企业家的综合性评价（Shapiro，1987；DiMaggio & powell，1983）。

从管理学视角看，企业家形象可以被视为企业家的无形资产或进入壁垒（caves & Porter，1977），能够给企业家带来竞争上的优势（Rindova & Fombrun，1997）。企业家形象源自和公众之间长期的、不断的交互感知，能够向公众传达“企业家是什么样的人”的信息（Freeman，1984；Dutton & Dukerieh，1991）。企业家形象一旦形成就具有一定的惯性，即使企业家出现了某些负面信息，人们也不会轻易改变对该企业家的原有评价（wartick，1992）。由于这种惯性的存在，使得企业家形象成为一项颇有价值的无形资产（Cramer & Ruefli，1994）。

从营销视角看，企业家形象是利益相关者对来自企业家的各种信息进行接收、认知和加工后在脑海中所产生的总体印象（Lippmann et al, 2005）。那些重视公众形象的企业家能够主动地对自身信息进行管理，包括编码、传递和扩散等，通过各种手段把积极的信息发送给更多的目标受众。Petty & Cacioppo（1986）依据目标受众的认识体系、对评价对象的贴近程度以及信息沟通的强度等因素，将形成企业家声誉的信息加工过程分为高、中、低三个层次。层次越高，相关的信息越明确，加工的过程也越复杂，最终形成的企业家形象也就越具体。

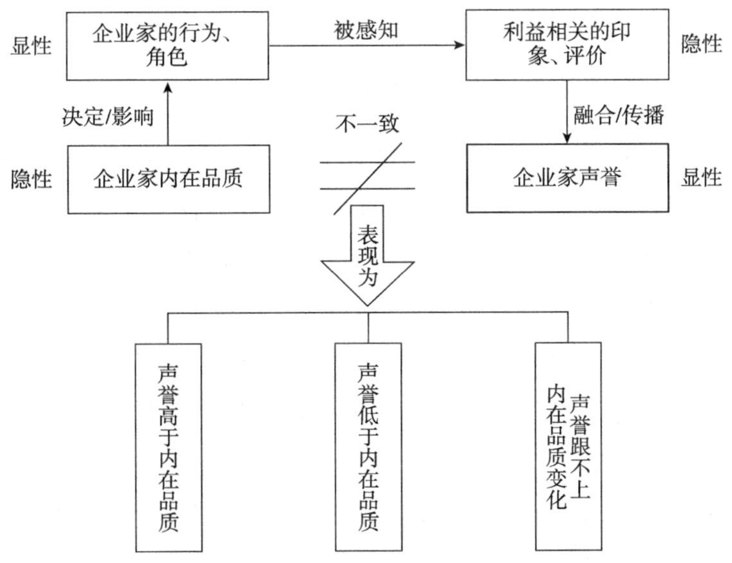

图 2－9　企业家声誉形成机理

资料来源：姜涛. 企业家声誉形成机理及其驱动因素研究［D］. 厦门大学，2010.

综合以上观点，我们认为企业家形象是公众脑海中对企业家的一种主观印象，也就是说并不总是客观、真实的反映，可能出现扭曲或失真（见图 2－9）。企业家形象是企业家主动编码、传递和扩散个人相关信息的结果，即企业家很大程度上可以对其形象进行操控。同时，企业家形象本质上是社会公众对企业家的部分或整体特质、能力等的猜想、估计和评价。需要说明的是，企业家形象不同于声誉，形象往往是暂时的感知，而声誉则代表一种持续的、相对稳定的感知（Gray & Balmer, 1998; Rindova, 1997）。

Poiesz（1989）指出，学术研究中对企业家形象的测量不应是简单的“好”或“坏”的综合性判断，因为大多数情况下企业家形象并不是单一维度的，并且综合性的判断过于笼统和模糊，不能有效指导企业家对形象的管理。Berens & Riel（2004）认为，人们对企业家通常会持有多种感受，不能简单地用“好”或“坏”来概括。结合本研究的具体情况，我们对企业家形象的测评主要是测量公众在对其着装风格认知的基础上对其创新性和可靠性的主观感知。

2.3.2 企业家形象的驱动因素

企业家形象并非自然形成，往往是企业家个人有意识地进行经营和管理的结果。同一行业实力相当的多家企业，往往会有些企业家喻户晓，另外一些却鲜为人知。那么，企业家为什么追求个人形象？或者说，哪些因素影响到企业家经营个人形象的动因？我们认为，应该从企业需要、外部环境以及企业家个人特质三个方面来寻求答案。

首先，企业家是企业的代表，是企业的管理者甚至所有者，在企业经营管理中发挥着不可替代的重要职能。在企业的经营管理过程中，企业家形象往往被看作一项重要的无形资产，特别是在企业创立初期或陷入困境时，良好的企业家形象能够带来巨大的帮助，比如有助于企业获取更多的融资，帮助企业获得有利的合作机会，使企业获得媒体的力捧等。史玉柱的案例可以很好地诠释上述观点。因此，当企业经营中对企业家形象的依赖和需求比较强时，企业家会更有动力去经营和管理其形象。

其次，企业家形象的建构离不开特定的外部环境，包括社会、行业和企业三个层面的环境（姜涛，2010）。在社会层面上，主要体现为社会对企业家形象的关注度，关注度越高，表明企业家形象得到了广泛的社会认同，能够发挥良好的甄别作用，企业家对形象的投入将会获得有效回报，因而其内部驱动力就会较强。在行业层面上主要体现为行业发展宽容度，即社会对企业家所处行业的认可和接受程度。行业发展宽容度越高，企业家越容易塑造和维持良好的个人形象，反之，企业家塑造和维持个人形象的成本就会非常高，将抑制其内在驱动力。在企业层面主要体现为行业内不同企业间的竞争程度，竞争越激烈则企业依赖“软实力”的程度越高，企业家管理个人形象的动力就越强。

最后，企业家个人的特质对其追求个人形象的驱动力也有显著影响。企业家的年龄是一个重要影响因素，越年轻的企业家工作越卖力，追求形象效应的动力也就越强（Holmström，1982）。企业家的抱负和志向也影响其追逐个人形象的内驱力。Gotsi & Wilson（2001）指出，形象的形成需要一个长期积累的过程，因而需要企业家具有长远的眼光。所以，志向高远的企业家追求形象的驱动力会更强。另外，企业家的开放性也是一个重要的影响因素，具有较高开放性的企业家往往更重视和外界的沟通与交流，因而更渴望在公众当中塑造和维持良好的个人形象。

2.3.3　企业家形象的前因

企业家形象是企业家在公众脑海中的主观印象，是公众基于所得到的有关企业家的信息对其做出的主观判断和评价；企业家形象有好坏之分，但未必与其真实特质相一致，很可能出现扭曲和失真。那么，究竟有哪些因素会影响企业家形象的塑造呢？根据对现有文献的整理和分析，我们在下面部分主要从外貌特征、人格特质、前台行为和大众传播四个视角进行论述。

2.3.3.1　外貌特征视角

外貌特征是个体形成对他人的第一印象的主要依据，外貌特征的吸引力常常是态度改变的来源（Caballero & Pride，1984；Joseph，1982）。Eagly 等（1991）在对 76 个有关外貌特征的研究做元分析后发现，外貌具有吸引力的个体在人格特征方面会得到他人的更高评价，像社会竞争力、智力、正直和关心他人等；而且这种正面的人格特征能够被传递给他们所代言的品牌（Brian & Michael，2000），促进消费者对其代言的广告产生积极正面的情感（Baker & Churchill，1977）和较强的购买意愿（Petroshius & Crocker，1989；Patzer，1983）。

关于企业家外貌特征及影响的研究相对较少，代表性的有研究企业家外貌特征与企业绩效间关系（Rule & Ambady，2008）和公共关系危机当中企业家外貌特征在消费者对公司评价当中的影响（Gorn et al，2008）。另外，企业家的长相（娃娃脸 vs. 成熟脸）能显著影响公众对其的感知和评价。在公共关系危机并不严重的情况下，娃娃脸的企业家要比成熟脸的企业家更让消费者感觉到可信可靠，对娃娃脸企业家公司的态度也要比成熟脸企业家公司的态度更加支持，而这种差异将会随着危机的严重性消失（Gorn et al，2008）。

2.3.3.2　人格特质视角

关于人格特质的最早研究出现在应用心理学领域（Terman，1904），后来被引入有关企业家形象的研究当中（Cowley，1931）。学者们对企业家人格特质的研究发现，企业家并非是一个被动的角色，也不是这些人格特质的简单综合（Stogdill，1948）。尽管如此，在企业家人格特质方面，已有研究还是取得了较为丰硕的成果（见表2－5）。

表2－5　企业家人格特质研究汇总

Bass（1990）	Kirkpatrick & Locke（1991）	Yukl & Van Fleet（1992）	R. Hogan et al.（1994）
调节、适应、进取、机敏、支配、控制、独立、创造、诚实、自信、与众不同	驱动（成就、野心、坚韧、精力充沛、主动）诚实/正直自信（情绪稳定）	情绪成熟、诚实、自信、精力充沛、容忍压力	外向、进取、尽责、情绪稳定

续表

House & Aditya (1997)	Northouse (1997)	Yukl (1998)	Daft (1999)
成就、动机、调节、自信社会、	自信、果断、诚实、社交	精力充沛、容忍压力、自信、内控、情绪成熟、诚实、社交、成就动机、	机敏、原创、创新、诚实、自信

资料来源：王新刚．企业家社会责任行为偏离对品牌形象的影响［D］．武汉大学，2010.

由表2-5可以看出，学者们的研究考察了企业家的多项人格特征，但并没有形成一致性的结论，且出现了较多的重叠。后来，有学者开始借鉴心理学领域关于人格特质研究的大五模型（Goldberg，1990），即神经质（neuroticism）、外向/内向性（extraversion）、开放性（openness to experience）、融合/宜人性（agreeableness）、认真/责任性（conscientiousness）等，考察这些个性特质与企业家的关系。经重复测试（Norman，1963）和跨文化研究（McCrae & Costa，1997），实证表明大五模型在不同的时间和空间下具有较高的传承性和稳定性（Costa & McCrae，1988；Digman，1989）。比如，外向性与企业家内在的事业成功（如工作满意）呈正相关关系，而神经质与企业家内在的事业成功呈负相关关系（John & Timothy，2001）。此外，企业家的人格特质对企业的高层领导团队也有较大的影响，并且能反映组织的个性和价值观（Tomas & Christian，2005）。

2.3.3.3 前台行为视角

企业家形象是其在与公众的互动中建立起来的，是通过特定的行为展示向公众传递了相应的个人信息后在公众头脑留下的印记，因此，企业家在社会前台的行为对其形象的塑造有直接的影响。但是，现有文献鲜有从企业家前台化行为的视角进行研究。王新刚（2010）通过实证研究发现，相对于企业家社会责任低规范行为而言，当企业家履行社会责任超规范行为时，消费者将给予企业家形象更加积极正面的评价；但是，当消费者感知到企业家社会责任超/低规范行为背后的目的性越强，对企业家形象的评价就越差。童泽林（2011）研究了企业家道德行为对新产品销售的影响，结果发现企业领导者公德和私德行为均能显著促升顾客对新产品的购买意愿；相比于新产品品牌知名度高时，当新产品品牌知名度低时，企业领导者道德行为对促升新产品购买意愿更显著。从企业家背书的视角，Treadway & Adams（2009）发现，媒体的关注和CEO的政治技巧会显著影响企业家将知名度转化为声誉，最终影响其个人的成功和企业的绩效。整体来说，现有研究缺乏对企业家前台行为的重视，特别是企业家的前台行为如何影响其形象塑造，还需要进行深入、细致的研究。

2.3.3.4 大众传播视角

新闻媒体通常把企业家看作是公司最重要的代表（Eichholz, 1999），十分热衷于对企业家进行采访和报道（Gansh, 1979；Gitlin, 1980；Schudson, 1978）。对企业家来说，传播媒体的报道令他们又爱又恨（James, 2004），爱的是媒体报道有助于吸引投资者、获取新顾客和增加员工聚集力，恨的是媒体报道降低了他们作为利益相关者代理人的弹性，使幕后操纵和机会主义无处可藏（Dong - Jin & Bruce, 2004）。传播媒体对企业家来说是一把双刃剑，既可荣誉加身也可名声扫地。如美国商业周刊（2002）所描述的，1990年代产生了很多名人企业家，树立了令人尊敬崇拜的形象；而安然公司前董事长兼CEO肯尼思·莱、泰科公司前CEO丹尼斯·科兹洛夫斯基以及世通公司前CEO伯纳德·埃伯斯等人的丑闻打破了这种美好的形象，给企业家脸上抹黑，同时也伤害到了公司品牌的形象（James, 2004）。研究发现，媒体报道对企业家形象构建有重要影响（Fombrun & Shanley, 1990；Renkema & Hoeken, 1998），媒体报道的显著性和信息的效价会影响企业家形象（Gary, 1986），媒体报道的强度会影响企业家的成败（Foster, 1990）。

2.3.4　企业家形象的影响

2.3.4.1　企业家形象对品牌和企业形象的影响

研究发现，企业家形象对品牌形象及品牌绩效都有显著影响。由于企业家是天生的“意见领袖”（Gillin，2007，2008），消费者常常通过对企业家前台化行为的认知来联想品牌个性特征（Plummer，1985）。一些具有极高的知名度和美誉度的企业家，其个人形象往往会超越企业和品牌的形象，成为企业和品牌形象的“超级代言人”（Experian - Hitwise，2007）。如果消费者对某企业家有好感，也会对其公司的产品和服务产生好感（Alberto，Salas，1989）。而品牌绩效正是基于消费者记忆中所形成强有力的偏好和独特联想而产生的（Keller，1998；Aaker，1997）。

国内学者何志毅、王广富（2005）通过问卷调查的方式对企业家形象和企业的品牌形象之间的关系进行了实证研究。以联想和柳传志、海尔和张瑞敏、娃哈哈和宗庆后、长虹与倪润峰以及 TCL 和李东升之间关系为背景材料，在全国 10 个大城市对消费者进行便利抽样的问卷调查，结果发现：企业家个人品质、企业家魅力以及企业家和产品的关联度都与企业品牌形象存在显著的正相关关系。消费者对企业家个人品质的评价越高，对企业家个人魅力的评价越高，企业家和企业产品的关联度越高，企业的品牌形象就越好。

2.3.4.2　企业家形象对公司绩效的影响

有研究证明，企业家（CEO）形象能够间接影响其所在公司的经营绩效（Agle & Nagarajan et al，2006；Tosi & Misangyi et al，2004）。Agle 等（2006）发现，那些具有良好绩效的公司的企业家，更容易被公众感知为魅力型企业家；在环境不确定性较高的情况下，企业家魅力对公司绩效也有显著的正向影响。Tosi 等（2004）的研究发现，具有良好形象的企业家能够获得更高的报酬，并且会对公司的股价有显著影响。Yukl（2008）通过实证研究发现，具有不同领导风格（task - oriented, relations - oriented or change - oriented）的企业家，会对公司的财务业绩产生显著影响。Alimo - Metcalfe 等（2008）则发现，当被下属感知参与性高时，企业家对员工的工作态度、工作幸福感及企业绩效均有显著影响。综上，尽管缺乏直接和权威的研究证据，我们还是有理由相信，企业家形象能够对所在公司的经营业绩产生一定程度的影响。

2.3.5 文献评述

通过前文对企业家形象相关文献的梳理，我们发现前人的研究在一些方面已经达成共识。首先，企业家形象是公众对企业家行为投射的主观感知和评价；其次，企业家对形象管理的内驱力受到内外部多种因素的影响；再次，企业家形象的形成受自身外在相貌和内在人格特质的影响，也是其前台行为的结果变量，并受大众媒体沟通方式的调节；最后，企业家的个人形象对品牌甚至企业绩效均有显著影响。

尽管前人的研究已取得较为丰硕的成果，但也存在着一定的局限性：

第一，以往的研究侧重于对企业家外貌和人格特质如何影响其形象的研究，这些因素当中的先天成分较多，对于企业家塑造自身形象来说，可操控的空间不大。因此，本研究将关注企业家可操控的变量，探讨企业家在前台化表演中如何通过适当着装来塑造并提升自身形象。

第二，以往的研究更多的是聚焦于企业家自身，研究影响企业家如何挖掘和放大自身的优势，却忽视了市场上的消费者才是企业家形象好坏的最终裁定者。因此，本研究将从消费者视角出发，通过消费者对企业家形象的评价来检验企业家前台化行为方式是否正确有效。

第三，以往的研究大多是采用质性研究的方法，通过纯粹的逻辑推导或者对二手数据的简单统计分析来探讨企业家形象的影响因素和成因等，很难对企业家的形象管理实践提供有价值的指导。本研究将采用实证研究的方法，具体探讨企业家前台化表演中的着装选择对其形象塑造的影响，以期得到更有说服力的结论，为企业家的前台化行为实践提供参考。

第 3 章　相关理论基础

通过上一章对企业家前台化表演、着装及其功能和影响，以及企业家形象的文献回顾，我们发现了一个有趣且富有理论和实践价值的研究问题——企业家前台化表演中的着装风格对其形象的影响。为了更好地建构本研究的理论模型，我们还需要对前人的相关理论成果进行回顾和总结，这样既能保证我们的研究模型具有扎实的理论根基，同时也是对前人相关理论的发展和延伸。

本书所探索的企业家前台化行为，是引用拟剧论的概念。Goffman（1959）借鉴戏剧理论的概念体系对社会组织中的互动行为进行类比，将个体精心安排并刻意展示在公众面前的行为称为“前台化表演”。如同戏剧舞台上色彩斑斓的服装对演员表演的重要支撑作用一样，在企业家的前台化表演中，着装作为一项重要的个人道具对其表演效果能够产生显著的影响。符号互动论可以对此给予解释：服装是社会互动中的一种重要的功能符号，个体可以利用它向公众传达有关自己社会身份、个性特质等方面的信息。角色理论则认为，企业家在社会结构中扮演着重要的角色，其前台化表演要遵循公众对他们的角色期望和行为预期。企业家通过前台化表演塑造良好的社会形象，包括运用着装风格影响消费者对他们的评价，本质上都属于印象管理（impression management）行为。基于上述逻辑，本章我们将重点对符号互动论、角色理论和印象管理理论进行回顾和探讨（拟剧论在第 2 章的文献回顾部分已经详细论述，此处不再赘述），以期为后面的研究模型建构提供理论支撑。

3.1　符号互动论

3.1.1　符号互动论概述

符号互动论是近代社会学理论中的具有独特个性的一个分支，创立于20 世纪30 年代的美国，20 世纪中期曾盛行一时，至今仍然是具有很大影响的社会学理论流派；也有学者将之归为社会心理学流派（任丽涛，2006；渠改萍，2010）。在欧洲的社会学学者普遍都在关注宏观层次社会现象时，一些美国学者开始发现，从某种意义上看，社会结构最终是由个体的行为和互动所产生并维持的，从而开始致力于发现人际互动的基本过程。这一创举引发了广泛的微观理论研究，因此也成了美国学者开始对社会学理论做出积极贡献的标志。

符号互动论起源于美国19 世纪的心理学家詹姆斯（William James，1890）和20 世纪的社会学家杜威（John Dewey，1922）、库利（Charles Horton Cooley，1902）和托马斯（Thomas W. I.，1923）等人的思想。特别是詹姆斯在《心理学原理》中关于“本能”和“自我”概念的讨论，库利的“镜中自我”概念和托马斯的情境定义，对符号互动论产生了很大的影响。但符号互动论的真正开创者则是美国芝加哥大学的学者米德（George Herbert Mead），他对人类社会互动的基本特征做出了巨大的开创性研究（侯钧生，2006）。米德的理论是以两个基本假设为前提的：第一，人类个体必须与群体中的他人进行协作，谋求生存；第二，那些有利于合作，从而有利于人类生存的行动将被保存下来。在以上两个假设的基础上，米德对前人的相关理论进行了综合，将心智、自我和社会结构贯穿于社会互动之中。米德把符号看作社会互动的中介，人们通过象征性地符号化环境中的他人和自我，借助符号来解析他人的行为，也借此评价自己行为对他人的影响，实现彼此调适和协作。

布鲁默在其著作《人与社会》中最早使用“符号互动论”一词

（Herb Blumer，1937）。在功能主义占主导地位的时代，他继承和发展了米德的思想，接过了他的社会哲学课程，并在近 50 年的时间里坚持对米德思想的独特解释。布鲁默认为人类行动充满了解释和意义，“人类的互动是以使用、解释符号以及探知另一个人的行动意义作为媒介的，这个媒介相当于在人类行为中的刺激和反应之间插入了一个解释过程”。布鲁默的符号互动论的核心观念是：人们对事物所采取的行动，是以他对事物赋予的意义为基础的；这些意义产生于互动过程之中；这些意义不是固定不变的，而是通过自我解释过程不断得到修正。以爱荷华大学学者库恩（Manford Kuhn）为首的几个学者对布鲁默等人的理论提出了挑战，也就是学术界所称的符号互动论之爱荷华学派和芝加哥学派对垒。对此，我们将在后面部分论述。

总的来说，符号互动论的出现为社会学开创了新的研究领域，将学者们的视线从社会的宏观现象引导到微观层面，并为之后的角色理论、拟剧论乃至现象学等理论奠定了基石，使得互动过程在 21 世纪成为“社会世界中被理解的最好的领域”（乔纳森 · H. 特纳，2006）。

3.1.2 符号互动论的概念体系

3.1.2.1 符号

“符号”是符号互动论中最基本也是最重要的一个概念，正确理解其内涵是科学认识符号互动论的先决条件。符号互动论中的符号不同于我们日常所说的数字、图形等符号，而是指社会环境中所有人类能赋予其某种象征意义的事物，包括语言、文字、物品、动作、场景乃至人类自身。也就是说，“符号”是人类对环境中的其他客体以及自身进行象征性地符号化的产物。因为信息和观念不能像有形物品那样进行简单的物理传递，必须通过应用符号对信息进行储存、传递和翻译，个体间的沟通才能顺利达成。一个事物之所以成为符号是因为能够被人类赋予某种意义，并且这种意义能够被社会中的大多数个体共识。文字能够使认识或使用它的人以它为中介进行沟通，语言可以传达人们的各种想法和意向，实现人们之间的复杂交往，因此都是最常用的“符号”。物品也是重要的符号，比如豪车、别墅是有钱人的象征，国旗和国徽是国家的象征。

托马斯指出，社会情境也具有符号的意义（Thomas W. I.，1923）。符号互动论中的“情境”指个体在行动时所面对的情况和场景，包括作为行动主体的人、行为、地点、时间和具体场合等。托马斯认为，人们在行动之前会有一个对情景进行审视的过程，即对将要面对的情景做出解释，也就是他所称的情境定义（definition of the situation）。比如，在中国农村，当某家大门上贴着大红对联，门外红火热烈，人多车多，你就会认为这是在办喜事，因为在人们的经验中这种场合代表着娶亲嫁女的意义。实际上，任何具有意义的符号只有在一定的情境之中才能确切地表示出其意义。比如说放鞭炮，新年可以放，娶亲嫁女可以放，店面开张可以放，入葬祭奠同样可以放。人们只有将符号视为一个系统，并在具体的背景下去理解，符号才能真正传达其中的涵义。符号本身包含有一定的意义，但最重要的是在互动中人们赋予它的具体意义。比如，当你听到一个人的手机铃声是一首很喜庆的音乐“今天是个好日子，心想的事儿都能成……”时，你会认为这个人性格很乐观；但是，如果在某个葬礼上，这个人的手机突然响起，同样的铃声，但你肯定会觉得这个人是糊涂虫、大马虎。可见，情境解释对于理解个体行为和社会互动十分重要。

3.1.2.2　心智

杜威最早提出心智意识（mind）的概念，认为它是人类努力去适应环境时所表现出的一种过程：对环境中的客体进行定义；明确行动的潜在路线；想象每一种路线可能产生的结果；最后选择最有利于调适的路线并抑制不恰当的路线（John Dewey，1922）。杜威强调，人类的心智意识只有在社会的互动中才能得以形成和延续。

米德指出，人类心智的独特之处在于能够用符号来表示环境中的客体，并悄悄预演针对这些客体的可供选择的行动方案（即米德所称的“想象性预演”，imaginative rehearsal）。米德对心智的分析主要集中于考察个体最初是如何形成这种能力的。米德认为心智的形成源于一种选择过程，在此过程中，婴儿最初的随意姿态被规制为一些有益于婴儿生存的反应和动作。这种选择过程可以通过其自身不断的检错来实现（比如被烫了手之后婴儿就不会再去玩火），也可以通过对婴儿的有意识的引导来达到（Mead，1934）。经过这种选择过程，婴儿便拥有了与周围其他人具有共同意义的“常规姿态”（conventional gestures）。常规姿态能促使人们的愿望、需求连同有意识的行动过程能在精确的层面上进行交流，从而提高个人彼此适应的能力，增强个体间互动的有效性。

在共同意义上运用和解释常规姿态的能力，意味着人类心智、自我和社会的发展迈出了极其重要的一步。通过接受和理解他人的姿态，人们可以对必须通过协作以求生存的姿态进行透析，也就是获得意向、需求、愿望和行为的倾向。通过将自身置于另一个人的位置，即“体味而理解他人的角色”，个体的想象性预演可以达到一个新的高度，可以更加准确地估计他们对他人行动的后果，进而增加与他人合作性互动的可能（Mead，1934）。可见，当个体能懂得常规姿态（尤其是语言）的含义，通过常规姿态来领会和理解他人，并想象性预演可选择的行动方案时，他就具备了米德所称的“心智”。

3.1.2.3　自我

“自我”是符号互动论中的一个重要概念。心理学家詹姆斯最早提出了“社会自我”的概念，即由于同他人交往而形成的个体的自我感觉；他指出“一个人总是很在意他所处的群体意见，当这些群体的意见明显不同时，这个人会有多个社会自我。他通常在不同的群体中展现他的不同侧面”，“一个人，有多少人认识他，就有多少个社会自我”（William James，1890）。库利则使用“镜中自我”（the looking glass self）来描述个体在社会环境中将自我客体化的现象：他人的姿态充当了镜子，从中可以看到并衡量自身，正如他们在社会环境中看待和衡量其他事物一样（Charles Horton Cooley，1902）。库利还认识到，“自我”以群体为背景，并在互动中产生，那些存在密切关系的小群体对产生自我感知和自我态度尤为重要。

米德发现，如同符号化环境中其他客体那样，人类也能够象征性地符号化自身。对常规姿态的理解，除了有利于人类彼此间的有效合作，同时也是人类评价和估计自身的基础。因为在与他人的互动过程中，人们可以获得一种“自我概念”，即通过设身处地地站到他人的立场，并从别人的视角评价自己的行为，使自我成为评价的对象。这种在社会互动中将自己符号化为评价客体的能力，和人类的心智过程是密切相关的。在米德看来，成熟的个体在与他人互动的过程中，常常会出现暂时性的“自我想象”，并最终形成或多或少的稳定的“自我概念”。因为自我概念能在个体的行动中贯穿始终如一的态度和意义，因此，个体借助自我概念能够使行动获得前后一致性。

米德把自我的发展过程划分为三个阶段：嬉戏阶段、团体游戏阶段和社会化阶段。在嬉戏阶段，个体的角色领会能力很有限。比如，婴儿只能对有限的几个他人（最初涉及的只有一两个人）设定透视。在团体游戏阶段，由于生理的进一步成熟和角色领会的实践，个体开始能够体味、理解组织活动中他人的角色。米德以棒球赛为例来解释：在棒球比赛中，所有的个体必须对球队中其他人的角色进行符号化设定，以便高效率地进行比赛。这意味着一种能力，一种从协作群体中获得多重自我形象的能力。在社会化阶段，个体能够体味并理解社会中“一般他人”的角色或明确的“共有态度”，能够对社区或一般信仰、价值观和规范做出整体性的透视设定。随着“一般他人”总量的不断扩大，个体角色领会的能力也不断提高，正是这个过程表征着自我发展的阶段。

3.1.2.4 社会

米德相信社会或制度表征着不同个体间组织化和模式化了的互动，在这里个体基于心智过程和自我过程而彼此调适和协作（Turner, 1982）。米德的社会理论主要关注四个方面的问题：①社会制度和结构是如何产生的？②社会控制是如何实现的？③社会制度和结构是如何维持和延续的？④如何认识社会变迁？

对于第一个问题，米德认为社会制度和结构是由个体间有组织的与模式化的互动产生的。而这种个体间互动的组织化和模式化，依赖于心智的存在。正是因为个体具备扮演他人角色与选择各种行动方案的心智能力，个体之间才能协调他们的行动。

社会控制如何实现？米德认为社会控制也有赖于个体的自我能力，特别是在从他人视角评价自身行为的过程中，更是如此。如果不具备在共有态度中将自身符号化为评价客体的能力，社会控制就将仅仅依赖于个体对特别的和瞬间呈现的“他人”进行角色领会时所形成的自我评价来实现。这样一来，在较大的社会群体中，行为间的协调就会变得非常困难。

最后两个问题的答案依然离不开心智和自我的影响。米德认为，社会组织的维持与变迁都是在心智的适应能力和自我的调节作用下产生的，都是通过心智和自我的过程来实现的。在米德看来，心智的调适功能和自我的中介性影响能延续社会组织，也能改变社会组织。许多在群体中导致稳定和变迁的互动是可以预测的，但改变现存互动模式的偶发的不可预知的行为同样存在。

3.1.3 芝加哥学派与爱荷华学派的比较

在符号互动论概述部分，我们已经讲到，在符号互动论的开创者米德去世后，布鲁默接过了他在芝加哥大学的社会哲学课程，并在近50年的时间里坚持对米德思想的独特解释。当布鲁默在芝加哥大学积极推进符号互动论时，另一位互动论学者库恩（Manford Kuhn）在爱荷华大学提出了不同的学术观点。布鲁默的理论强调把自我视为“主我”和“客我”相互作用的过程，互动是在实行的过程中被创造出来的，因此他着重互动的创造性和建构性；库恩则强调自我在互动中的功能，以及制约互动的社会群体环境，因此他的理论主张互动是从结构中被释放出来的。所以，通常以布鲁默为代表的芝加哥学派的互动理论被称为过程互动论，而以库恩为代表的爱荷华学派的互动理论被称为结构互动论。

两个学派的主要分歧在于研究方法上的侧重不同。爱荷华学派对芝加哥学派的方法论提出了批判，认为他们所采用的定性研究方法太过直觉化，过于含糊，缺乏科学理论应有的精确性。库恩认为，社会学研究应追求以可靠的手段对行动者的符号过程加以测量。他们对诸如“自我”“社会行动”和“一般他人”等关键概念制定了方法论上严格的操控定义，发展了结构化的测量工具，如最具代表性的测量自我概念的“二十条陈述测试”（Twenty Statement Test，TST）量表（Kuhn，1954）。对于两个学派在互动理论上的一致和争议，我们进行了归纳并对比分析（见表 3－1）。总体来看，和共性部分相比，两派理论的分歧并不是很大。连库恩本人都认为，经过充分的争论，符号互动论中大部分被分离的理论都会重新整合。

表 3－1　符号互动论芝加哥学派和爱荷华学派对比

主题	两派共识	两派分歧	
		芝加哥学派	爱荷华学派
人性	人类创造并使用符号来表示其周围世界的各个方面； 人类的独特性在于能象征性表征和运用客体，构建社会情境的定义，从而影响了他们的行为； 人类有自我反省和自我评价的能力	具有心智的人能将任何客体置入于情景中； 自我是一个很重要但不是唯一的客体； 在行动之前，人们会对行动进行权衡、估量和蓝图设计，但人们也可能改变他们的情景定义和行为	具有心智的人倾向于与他们置入于情景中的客体保持连贯一致性； 自我是情景定义中最重要的客体； 人们对行为的“想象性预演”不过是核心自我及其群体如棱镜散射的结果

续表

主题	两派共识	两派分歧	
		芝加哥学派	爱荷华学派
互动	角色领会是互动的关键； 在行动前，行为者以他人和群体的视角来考虑，从而将角色领会和心智结合一起运用，这样人们就能彼此调适	互动式对他们和群体角色进行领会的持续过程； 互动包括定义的持续变动及行为和交往模式的不断改变	在达成情景定义的过程中，期望和情景的规范是极其重要的考虑对象； 人们的核心自我是影响和规制互动的主要因素
社会组织	个体间的符号互动过程创造、维持和变革社会组织结构	随着行为者情景定义的改变，社会结构会重新排列	社会结构一旦形成就变得相对稳定，并且对互动进行规制
方法论	社会学研究必须着重于人们做出情景定义和选择行动路线过程的研究； 方法必须着眼于个体的人	研究者必须与多种多样、变动不居并且往往是非决定性的情景定义和行为影响因素相调和； 研究必须运用观察性、纪实性和非结构性的访谈技巧，以透视行动者定义的过程并考察其中的变化	社会学方法必须用可靠的工具来测量行为者的符号互动过程； 研究必须定义并测量那些影响行为的变量； 必须使用结构化测量工具，比如问卷，以可靠有效地量度关键变量
理论的本质	理论必须解释互动过程，并离析出一般类型的行为和互动可能产生的条件	只有敏于感受的感念才是行得通的，演绎理论在社会学中无法应用； 在最佳状态时，理论能对行为和互动模式提供一般性、暂时性的解释	社会学可以发展出清晰的、可测量的概念，因而理论是可以演绎的； 理论可以提供预测行为与互动的抽象解释

资料来源：作者根据乔纳森·H. 特纳的《社会学理论的结构》中相关内容进行整理。

3.1.4 符号互动论评述

符号互动论为我们研究社会互动中的个体行为提供了整体框架，但是，对社会组织中个体互动过程的研究还不够深入，对一些具体问题没有给出细致的回答。比如，互动理论中存在着“个性决定论”与“情境决定论”的争议（Epstein，1977；Mischel，1968）：个性模型（personality model）的倡导者认为个体的行为方式主要由个性决定，而情境模型（situation model）的倡导者则提出个体的行为主要受社会情境因素的影响，要尊重社会行为规范的要求。尽管他们的争辩至今尚未分出伯仲，但可以肯定的是，在使用符号工具使用方式的选择上，有些个体喜欢基于社会规范，而有些个体则喜欢基于自我个性（Aaker & J L.，1999）。那么，这两种不同的符号工具使用方式分别会带来什么样的效果？是否或者有哪些因素会对其效果产生影响？着装在社会互动中既有个性识别（McCall，1976）的功能，也有社会身份传达（Thomas，1923）的功能，本研究将以企业家在社会互动中的着装风格选择为背景，分析在互动情境下企业家的不同着装风格对其形象塑造的影响，并分析这一作用过程的内在机制和影响因素。本书的研究结论将会是对符号互动论的有益补充。

3.2　角色理论

3.2.1　角色理论概述

3.2.1.1　角色理论的内涵

20 世纪中期，一种认为个体通过承担身份、地位和角色行为的职责而与更大的社会结构紧密联系的观点，即角色理论，在社会学理论中非常盛行。英国戏剧家莎士比亚在其戏剧《人间戏剧》中所说的一段著名的台词，恰如其分地表达了该理论的核心观点：

“世界是一个舞台，
所有的男人、女人不过是一些演员，
他们都有上场的时候，也有下场的时候，
一个人一生中扮演着许多的角色。”（罗志野、李德荣，1991）

在角色理论看来，我们所生活的世界就好比一出庞大的戏剧，社会似舞台，人生如演戏，我们都在以不同的“角色”身份彼此互动。

美国社会心理学家米德（G. H. Mead，1934）在综合前人理论的基础上，借鉴戏剧理论中的“角色”概念，将其引入社会学理论，提出了“角色领会”的概念。米德之后，众多的社会学、人类学以及心理学学者从不同视角，运用不同的方法对角色问题进行了深入、广泛的研究，并取得了较为丰硕的成果，从而使角色理论成为一个富有独特性和完整性的社会学理论分支。其中，理论贡献比较突出的有帕克（R E. Park）、默雷诺（Jacob Moreno）、林顿（R. Linton）、纽科姆（T. Neweomb）和特纳（J H. Turner）等。可见，和符号互动论一样，角色理论也是在米德思想的基础上发展起来的，同属社会学的互动论大范畴。

因此，我们认为，角色理论是一种以戏剧舞台上的“角色”来类比社会互动中的个体行为的理论。角色理论的核心观点包括以下几个方面：社会互动的基础是角色领会和角色建构；人们试图把彼此的行为纳入一致的整体和形态当中，这样就能理解彼此的行动；人们在互动中的行为动机不是服从社会结构中的规范，而是实现和角色群体的行为一致性；人们总是积极地扮演和自我观念相一致的角色。

3.2.1.2 角色理论学者的主要观点

(1) 米德和角色领会

米德最早提出角色领会（role taking）的概念，即“感受并理解他人角色”。米德认为角色领会是心智的一项基本能力，是自我概念发展中的关键因素。米德强调：“角色领会的直接后果在于，个体能够因能完全预演自己的动作反应而实现自我控制。协作过程中个体的控制可以发送在个体自身的活动中，只要个体能体味并理解他人的角色。通过体味而理解他们角色来实现个体对自身反应的控制，使我们认识到，在群体中，因行为组织化而实现交流的价值”（Mead，1934）。可见，角色领会是对他人立场和观点进行的想象性假设（Lindesmith & Strauss，1969），以及对社会互动中他人的反应进行的揣度（Sheldon & Stryker，1959）。

（2）帕克的角色理论

帕克（R E. Park）是米德思想的继承者之一，是最早通过强调角色来发展米德思想的学者。他指出："无论何时何地，每个人都有意无意地扮演着某种角色。"（R E. Park，1926）帕克认为，个体的自我概念，除了有赖于他们的职业，一般还有赖于其在社会群体中所力图扮演的角色，同时还有赖于社会给予各种角色的认定和地位。帕克的分析强调自我在多重角色扮演中的呈现，而角色又同社会结构中的位置相联系。这种分析意味着学术研究关注点向社会本质的转移，以及向社会结构如何对米德综合理论所描述的过程发送影响的转移（特纳，2006）。

（3）默雷诺的角色理论

在米德角色领会概念的基础上，结合自己早年对欧洲理论的研究，默雷诺（J L. Moreno）最早提出了"角色扮演"的概念。默雷诺将社会组织看作是一种规制和引导（constrain and channel）行为的角色网络，是不同期望所规制的多种相互关联的角色设定的集合（J L. Moreno，1934）。默雷诺区分了不同的角色类型：首先是身心角色，指个体行为与一定文化条件下的基本生理需求相联系，角色设定是无意识的；其次是心理角色，在这种角色中个体往往按照特定的角色期望行事；最后是社会角色，在这种角色中个体要遵从各种常规的社会类别的更一般期望（特纳，2006）。

（4）林顿的角色理论

在默雷诺理论的基础上，通过对角色、地位和个体等概念的细致区分，林顿进一步论述了社会组织的本质以及个体在其中的"嵌入"：地位不同于可以占据它的个体，只不过是权利和义务的集合，而角色则体现了地位的动态展现。个体被社会学地置入某一地位，并通过与其他地位的关系实现对它的占据。当个体行使构成其所占据的地位所属的权利和义务时，他就是在扮演角色（R. Linton，1936）。

（5）特纳的角色理论

20 世纪中后期，社会学理论中出现了许多关于“角色”的知识，但却没有形成紧密的理论体系，更像是一系列前后不相连贯，彼此没有联系的命题和经验概括（J H. Turner，1996）。特纳对他称之为“结构角色理论”的观点发起了一连串的批评，认为这种角色理论只是提供了对期望、自我、角色等概念进行分类的一个方法，缺乏应有的系统性和科学性。特纳以角色建构过程为视角，通过博采众多的角色相关的理论研究中的命题，构建了更加形式化和抽象化的理论陈述，即社会学中关于角色的一般理论。特纳用一系列他所谓的主趋势命题（main tendency）来连接经验的规律性，并巩固对这些规律性的推进。这些主趋势命题包括：角色的出现、角色作为互动框架、角色与互动者的关系、处于社会设置中的角色和角色与人等（乔纳森·H. 特纳，2006）。特纳使用 26 个陈述语句来描述互动过程以及在互动过程中会发生什么样的情形，“寻求将各种不同的角色过程连接成一个统一的主题”；但是，特纳的理论并没用说明什么样的条件之下这些趋势会成为事实。总的来说，特纳是角色理论的集大成者。

3.2.2 角色理论的概念体系

3.2.2.1 角色和角色扮演

角色（role），也称社会角色，是角色理论的核心概念。“角色”一词源自古希腊的戏剧理论，指在一场戏剧表演中演员按照剧本的规定在舞台上所演饰的特定人物。20 世纪 20 年代美国社会心理学家米德将这一概念借用到社会心理学的研究中，用来解释社会互动中个体行为和群体关系。“角色”的较科学的定义是：处在某一定社会地位的个体或群体，在实现与该地位相联系的权利和义务时，所表现出的符合社会期望的行为和态度的总模式（顾明远等，1998）。正如演员在舞台上的表演要受到剧本以及同台其他演员的行为制约一样，社会互动中的个体也在很大程度上受制于社会情境及他人的影响。在社会中，个体总是存在于不同的组织内，比如家庭、学校、单位以及各式各样的“社会圈子”等，也因此获得了应有的权利和义务，其行为也将受到相应的规范制约。费孝通老先生曾对中西方社会中的个体“角色”进行生动的对比描述：西方社会是以个人为本位，人和人之间的关系就像是一捆柴，几根稻草束成一把，几把束成一扎，几扎束成一捆，几捆束成一挑，分扎的条理清楚不会乱；中国的乡土社会则是以宗法关系为本位，人与人之间是以亲属关系为主轴的差序格局，就像把一块石头扔到湖中，以石头为中心点在四周形成的一圈一圈的波纹，波纹越远则人际关系越疏离（费孝通，1985）。所以说，角色是个体基于其在社会结构中的权利、义务及行为规范，所表现出的特定的行为模式。角色权利、角色义务和角色行为规范是构成角色的基本要素（丁水木、张绪山，1992）。

角色是一个相对静止的概念，其动态表现是角色扮演（role playing)，指的是个体进入并占据社会特定位置的过程。Linton（1936）认为，当个体进入社会中一特定地位并履行该地位所属的权利和义务，按该地位要求的方式和态度行事时，他就是在扮演角色。人的一生中具有众多的社会身份，往往要进行多个角色的扮演，甚至同时扮演多个角色。比如在家庭中，一个中年男子既是儿子，又是丈夫，同时还是爸爸，也因此承担着多样的责任和义务：对上要孝敬父母，对下要教育好子女，中间还要协调好夫妻关系。个体的角色扮演能力是通过对他人角色领会和在实践中的不断尝试获得的，比如通过上面所说的中年男子在家庭中的角色扮演，一般是通过观察、学习自己父亲的做法，或者学习周围其他中年男子的得到广泛认可的角色行为，才逐步适应并不断改善自己的角色扮演行为。当前，角色扮演在教育行业和游戏行业也得到了较为广泛的开发和运用。通过角色扮演，可以充分调动和发挥学生的积极性、主动性和创造性，将干巴巴的知识转化为鲜活的体验经历；基于角色扮演所开发的众多网络虚拟游戏，因为具有引人入胜的“剧情”

设计而吸引了众多的拥趸者。

3.2.2.2 角色期望

如果我们把“角色”看作是社会中特定地位的个体所进行的“表演”，那么这个表演必须遵守一定的规则，类似戏剧表演中的“剧本”。因此，在戏剧表演中，演员的表演并非随性而为，而是要合理、恰当地表达剧情安排和其所饰演角色的特质。社会中的角色也一样，其表演要符合社会公众对其所处的特定位置的客观期望和个体自身的心理预期，即角色期望（role expectation），也称角色期待。角色期望是社会对于群体中某种特定地位、身份的个体应表现出的特定行为和行为模式的期待，包括一系列具体的行为要求（袁世全、冯涛，1990）。Scalzo（1976）提出，角色期望总是指向特定的某个人或某些人，这取决于他在社会系统中所具有的身份和位置。人们基于角色领会的能力，总是认为占据社会系统中特定位置、承担着特定社会角色的人，应该表现出与其角色要求相符的行为模式。比如，我们总是希望教师能够为人师表、医生能够救死扶伤、领导干部能够勤政廉洁，等等。

角色期望是一种客观存在的社会意识，具有综合性和普遍性，是对特定角色的行为模式的客观要求，无论哪个个体要占据该角色，都必须按照这一标准进行表演。如果他们的行为模式与社会期望相差甚远或者背道而驰，人们就会认为他们不具备担当这种社会角色的能力。正因为如此，角色期望客观上发挥着对角色承担者的行为进行规制的职能，所以也有学者将它称为角色规范。角色期望具有重要的现实意义，通过它我们只需进行抽象的角色想象就能够对社会上复杂的角色群体有个大致的了解。角色期望还能够为个体成功进行角色扮演提供有价值的指导。

3.2.2.3 角色认知

如果说角色期望属于角色的外部规范和行为要求，角色认知则是个体自身如何看待处于特定社会位置的自己的问题，是个体对角色的内外部期望的心理感知和整合。陈卫平（1994）结合前人研究成果，给角色认知下了一个较为系统和规范的定义：角色认知是指个体按照其独特的社会文化类型，对与自己在社会系统中所处位置相关的社会角色规范和期望信息进行不断加工和处理，最终在心理形成一套与角色相应的社会反应模式的过程。角色认知是对外部客观存在的角色期望和规范的信息处理，因为在个体扮演某一社会角色之前，与这个角色相应的一整套预设的社会行为模式，即角色期望和角色规范已经存在。个体要想扮演好该角色，就必须充分了解、熟悉其角色期望。另外，个体的角色认知离不开其特有的社会文化模式，因为作为个体社会化过程的结果，社会文化模式将影响其所有的信息加工和处理过程。

角色认知是个体对所扮演角色的内外部期望的感知和整合。除了对外部角色期望的信息加工，个体还需要进行心理上的自我定义。个体需要在心理上进行细致的角色自我描述，他不仅要思考“我是谁”这个问题，还要准确回答“我是如何看待自己在社会系统中所扮演的这个特定角色”，这个心理过程的最终结果是形成对角色的自我期望。实际上，个体占据并扮演一定的角色之后，通过不断的社会互动，他对角色的自我期望也在不断地修正和调整，而外部社会的角色期望因为受到他的价值选择影响也在不断平衡。最终，外部的角色期望和对角色的内在自我期望相互影响，在个体内心互相融合，并最终达成妥协和一致，最后个体在心理上形成了与角色相应的社会行为模式，其内在的表现是个体稳定的身份地位感，外在表现是与他人一致的角色行为。正如美国学者 Lingren H. O.（1983）所说：“角色认知主要建立在我们自己的角色期望上，但这些角色期望主要也是来自社会对我们的期望。”

3.2.2.4　角色模糊

综合上述几个概念，我们会发现，个体要在社会系统中成功扮演某个特定角色，必须充分了解该角色的社会期望和规范，并形成清晰的角色认知。如果个体没有能够做到这一点，就会面临我们现在要说的这个社会心理学概念：角色模糊（role ambiguity）。Rizzo 等（1970）认为，角色模糊的产生主要是由于个体对于角色行为的结果缺乏足够的预测能力，因此导致无法获得清晰完整的角色期望。Kahn（1978）将角色模糊定义为：个体在角色扮演中缺乏完成角色任务所需要的方法，缺乏对社会责任的有效界定，对该角色的社会期望了解不够，以及不熟悉对表演效果进行测评的标准。Rhoads（1994）进行了更为系统的论述，他指出：当个体缺乏角色期望、角色行为、角色任务、角色职责和角色道德规范所必需的信息时，角色模糊就产生了。Fogarty 等（2000）提出，角色模糊的产生是由于角色的指派者对角色行为的期望不确定。可见，目前学术界对“角色模糊”还没有一个普遍认可的定义。综合上述学者们关于角色模糊的观点，我们认为，角色模糊主要是指由于角色扮演者没有充分了解和把握相应的角色期望、角色行为、角色任务、角色职责和角色道德规范，而产生的角色认识不清晰、角色行为不规范的客观状态。Bitner（1994）指出，清晰的角色认知以及动机是决定个体能否胜任角色的前提条件。角色模糊的个体，其角色扮演行为更容易失败，且更容易将失败原因归结于外部环境等因素。

3.2.2.5 角色冲突

角色冲突（role conflict）是由美国社会学家 RK. Merton（1957）最先提出的概念，描述的是由于个体在社会组织中处于不同地位而需要同时扮演多个角色，当这些角色期望相互发生冲突或者角色期望和个体内在期望差异较大时所引起的个体心理矛盾状态。里佐（Rizzo，1970）认为角色冲突是指个体对角色的认知与社会上的角色评价标准发生了矛盾，或者由于个体同时扮演了多个角色，但这些不同的角色存在着相互冲突的角色期望。琼斯（Jones，1993）认为，角色冲突是指由于个体在角色扮演中不能同时满足不一致的多种角色期望，因而不能同时履行多种角色行为时所出现的矛盾。Fogarty（2000）等认为角色冲突的产生是由于个体强迫接受了多种不一致的角色期望。中国台湾学者林世昌（1987）认为角色冲突是指所扮演的角色与其自身的价值体系不一致，或者同时扮演了两种以上相互冲突的角色。

角色冲突可以分为角色内冲突和角色间冲突两种，前者指在角色扮演过程中，由于个体所扮演角色的角色期望或行为规范与其自身的内在价值系统不一致所导致的个体心理矛盾（费穗宇，1988），后者则是由于受角色条件限制而无法同时满足不同的角色要求而导致的内心冲突或矛盾状态，是由于不同的角色规范之间的冲突造成的排他性的角色行为（彭克宏，1989）。简单说，角色内冲突就是个体的“自我”和“角色”之间的冲突，当冲突强烈时，个体最大的感受是：“我真不想承担这个角色!”比如，有次笔者和几个朋友一起出远门，有三个家伙凑在一块玩斗地主，我也好想参加，可是我不能，因为当时我的角色是司机，还是车里面唯一会开车的。角色间冲突则是同时扮演的多个角色在个体内部的争斗，当冲突强烈时，个体最大的感受是：“我究竟该扮演哪个角色?”想必在恋爱中被女朋友反复追问“我和你妈妈同时落水，你会先救谁”的男青年对此有深刻的感受。

角色冲突会显著削弱个体的角色扮演效果。当个体对角色期望不能很好的认同时，他们会对这些角色进行“淡化处理”，即降低在角色扮演中的投入度。比如，社会公众对企业家角色在正式场合的着装期望是商务套装，如果某个企业家难以认同这一观念，而是更愿意穿着舒适的服装，那结果很可能是进行折中，如穿休闲商务装，或者拒绝角色期望的扮演，直接穿日常的休闲装。

3.2.3 角色互动的理论模型

仅仅是对角色及相关概念的界定，还不能称为完整的理论体系，我们也不能用这样的“角色理论”来系统地解释社会组织中的互动现象。我们还需要进一步了解：角色互动是如何开始的，个体的角色扮演效果受哪些因素的影响，角色冲突和角色模糊是在什么样的条件下产生的，等等。为此，美国学者 Daniel & Kahn（1978）提出了角色互动模型（见图 3 - 1），该模型可以帮助我们更好地理解和解释社会组织中的角色互动机制。

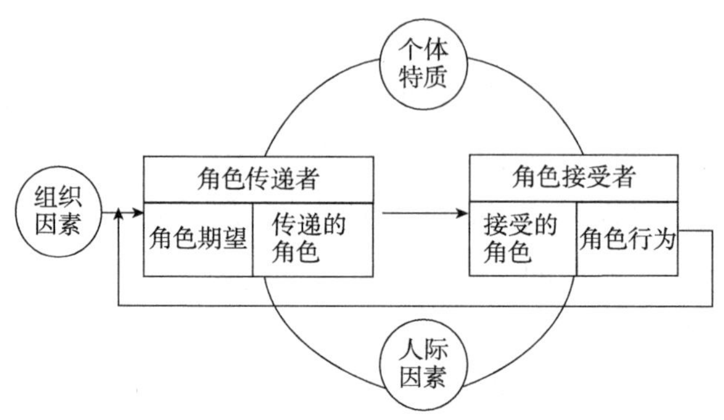

图 3－1　角色互动的理论模型

资料来源：Katz，Daniel，L. Robert. Kahn. The social psychology of organizations. New York：Wiley，1978.

该模型指出，角色在人际互动中产生，角色互动的建立则需要以下几个要素：角色传递者、角色接受者、角色期望、角色行为、传递的角色和接收到的角色等。个体对角色的获得以及角色认知不能凭空产生，而是有赖于在互动中由社会中的他人给予，在这个过程中，个体就是角色接受者，他人则充当了角色传递者的身份。另外，角色接受者的行为（与角色传递者的角色期望的一致程度）会对角色传递者后续的角色期望传递产生影响，从而形成了一个反馈回路。通过该模型，我们还可以了解角色模糊和角色冲突是如何产生的。如果角色接收者能够清楚、全面地接收和理解角色信息，其角色扮演就很容易成功；相反，如果角色接收者没能准确地接收角色信息，或者对信息的理解和解释出现了偏差，角色模糊就会产生。那么角色冲突又是怎么产生的呢？如果个体无法接受角色传递者给予的角色期望，或者个体同时扮演的多个角色之间的要求不一致，就会产生角色冲突。可见，角色模糊可以通过个体的努力避免，但角色冲突常常难以回避。

该模型还告诉我们，个体特质和人际因素也会影响角色互动过程。罗宾斯（2008）曾用一个形象的比喻来说明个体特质对角色互动的影响："在个体进入特定的社会组织时，他们就像是被征用的二手汽车：有些跑的路途很短，而且护理得很好，因此很难适应艰险的旅途；另一些则是跑过各种道路，磨损也比较严重。"这个比喻告诉我们，个体总是带着其独特的性格特质进入组织的，这些个人特质将会影响他们在组织中的行为。角色作为社会组织中的结点，其行为必然要受到人际关系因素的影响。拥有良好人际关系的个体，会获得更多的角色扮演机会，因为获取信息的机会更多因而更容易形成清晰的角色认知，在角色扮演中出现失误时也更容易获得谅解。

3.2.4　角色理论评述

世界如舞台，我们都只不过是其中的演员，每个人的一生都要扮演众多的角色，这是对角色理论简单而形象的概括。角色理论认为，个体的角色扮演一般都是按照公众的角色期望进行的，但在两种情况下角色行为可能会偏离其应有的规范：一是角色认知模糊，无法胜任对角色的扮演；二是个体出现了角色冲突。角色冲突会显著减弱个体的角色扮演效果，最常见的就是个体对该角色进行"淡化处理"，在扮演中不投入全力。但是，任何事情都有两面，同角色期望不一致的表演是否也会带来某些积极影响呢?

以着装为例，Mashable（2012）指出，一直以来"深色西装是一个CEO 最安全的穿着"，这可以理解为企业家角色的着装规范。但是，2008 年《华尔街日报》的一篇文章却认为，近些年来一些充满个性的企业家很愿意通过休闲装来展示自己的权威：穿着一件 T 恤参加本应佩戴黑色领结的活动，意味着你是一个强大的家伙；从观众的立场看，"便装 CEO"可以给公司员工和公众"传递一个现代的、创造性的信息"。可见，与角色期望相悖的扮演行为所带来的并非全是负面影响，这在传统的角色理论中没有得到合理的解释。在本研究中，我们将对这一问题进行深入探讨，以期为角色理论提供新的观点。

3.3 印象管理理论

3.3.1 印象管理的内涵

印象管理（impression management）的概念最早由美国学者戈夫曼在其著作《日常生活中的自我呈现》中提出来，他认为在社会互动中的个体总是倾向于通过有选择的自我展示（self - presentation）给他人留下特定的印象，并让对方做出与其期望相一致的行为反应（Goffman，1959）。继戈夫曼之后，众多的社会学、心理学及管理学学者对印象管理进行了更为细致和深入的研究，其中 Baumeister（1978，1982）和 Tetlock（1985）等从身份维持视角，Sehlenker（1980）和 Arkin（1981）从人际互动视角，Jones 等（1982）从行为动机视角对其内涵进行了界定。Leary 等（1990，2002）对前人的印象管理概念进行了总结和提炼，最终形成了印象管理的两成分模型——印象动机和印象建构（见图 3 -2）。其中，印象动机是指个体想操控自己在他人心目中的形象的意愿强度；印象建构是指个体有意识地选择要塑造的形象类型并有计划地去实施的过程。Rosenfeld 等（1995）则是采用了更为广义的观点，将印象管理定义为个体通过一定的方式影响他人形成对自己的印象的过程（见表 3 -2）。

综合以上学者的观点，我们认为印象管理是指个体在社会互动中对自我形象塑造的主动管理，是个体通过在他人面前进行精心设计的、有选择性的自我展示，影响他人对自己评价的所有行为。

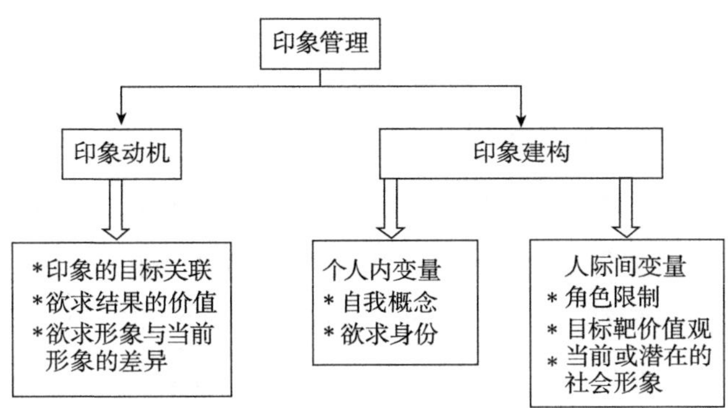

图 3－2　印象管理的两成分模型

资料来源：Leary M R，Kowalski R M．Impression management：A literature review and two－component model［J］．Psychological bulletin，1990，107（1）：34．

表 3－2　印象管理的定义

学者	时间	视角	印象管理的内涵
Goffman	1959	戏剧隐喻	在互动中控制别人的行为，使对方通过对自己行为的理解，做出符合自己期望的行为反应
Baumeister	1978 1982	身份维持	建立、维护或者精炼个体在他人心目中的形象
Tetlock et al.	1985		使用受赞许的社会形象或者社会认同的策略
Schlenker	1980	人际互动	有意或无意试图控制在真实或想象的社会互动中所反映的印象
Arkin	1981		个体在与他人互动情景中，计划、采纳和执行一种传达自我形象的过程和方式
Jones et al.	1982	行为动机	受权力增长动机的影响，被个体设计来引发他人对自己的特质进行归因的行为
Leary Kowalski	1990	影响因素	印象管理的两成分模型：印象动机和印象建构
Rosenfeld et al	1995	广义视角	通过一定的方式影响别人形成对自己的印象的过程

资料来源：李瑞．应聘者印象管理行为及其影响因素研究［D］．厦门大学，2009．

3.3.2 印象管理的影响因素

3.3.2.1 人口统计学因素

研究表明，个体的人口统计学因素对其印象管理具有显著影响，如性别、年龄、职业等。Berinsky（2004）通过大范围的问卷调查发现，和男性相比女性更重视对自己在他人心中印象的管理。青少年随着年龄的增长，印象管理的偏好和能力都在不断提高（Marshalla et al，2005）。职业也是影响印象管理的因素之一，从事文艺工作的人更擅长印象管理（King，2002）。

此外，文化差异对印象管理也有显著影响。和德国人相比，美国人更多地使用印象管理策略来影响他人对自己的看法（Conroy、Motl & Hall，2000）。Schlender（1975）的研究发现，西方文化中的印象管理更强调能力和人际关系维度，而中国文化中的印象管理则更强调社会道德和人际关系维度。

3.3.2.2 人格因素

人格因素也是个体印象管理行为的重要影响因素。现有的关于人格因素对个体印象管理行为影响的研究主要集中在对自我监控、人格特质、控制点等几个方面。

Turnley & Bolino（2001）发现，和低自我监控者相比，高自我监控的个体进行印象管理的可能性和能力更强，并且不同自我监控水平的个体使用印象管理策略的效果也不同。高自我监控者更适合使用讨好策略，而低自我监控者则更倾向于使用保护性印象管理策略。

Barrick（1996）的研究表明，大五人格特质和印象管理都是显著相关的，比如在应聘时，外向型的应聘者更喜欢使用自我提升策略，内向型的应聘者则更可能使用讨好策略。印象管理可以有效保护个体的自尊（Jones，1974），心理健康者也可能选择夸大事实来提高自尊和自我效能（Loving & Agnew，2001）。

在情境评估中，如求职面试，个体的控制点对其印象管理行为有显著影响（Ralston & Kirkwood，1999；Cook，2000），控制点不同的个体在印象管理策略选择上有显著差异，最终的印象管理效果也有很大不同。

3.3.2.3　情境因素

当前有关情境因素对个体印象管理影响的研究主要集中在对情境公开性的考察。Kolditz & Arkin（1982）发现，个体的印象管理行为更多出现在公众场合而非私人场合。Carver（1989）的研究也发现，和私人场合比较，在公众场合下个体更有可能把自己作为客体，会更关心别人对自己表现的评价，因而更有可能采取印象管理策略。国内学者李琼、郭德俊（1999）的研究发现，情境因素显著调节自我监控水平对印象管理的影响。具体说，在公众场合，和自我监控水平低的个体相比，自我监控水平高的个体更倾向于将积极形象归因于自己，同时更回避消极形象；在私人场合，则自我监控水平较低的个体更善于将积极形象归因于自己，在回避消极形象方面二者差异不显著。

3.3.3　印象管理策略

印象管理策略是指个体采用什么样的方式影响他人对自己的看法和评价。根据现有的研究成果，印象管理策略主要分为获得性印象策略和保护性策略两大类（Arkin，1981；Rosenfeld et al，1995）。其中，获得性策略是一种积极主动地去影响他人对自己看法的印象管理策略，具体内容包括讨好行为、自我宣传、威慑他人、以身作则和恳求等；保护性策略是一种消极、被动的印象管理策略，目的在于避免在他人心目中形成负面印象，具体内容有合理化理由、事先声明、自我设障、道歉和间接技巧等（见表 3 – 3）。

表 3-3　印象管理策略的分类与内容

<table>
<tr><th>分类</th><th colspan="2">策略</th><th>内　容</th></tr>
<tr><td rowspan="8">获得性策略</td><td rowspan="4">讨好行为</td><td>意见遵从</td><td>为了增强自己被人喜欢的可能性，刻意在观点、行为上与他人一致</td></tr>
<tr><td>热情相助</td><td>通过向他人提供帮助而获得他人的喜爱</td></tr>
<tr><td>抬举他人</td><td>通过奉承和赞美来讨好他人以获取他人对自己的好感</td></tr>
<tr><td>自我抬举</td><td>找出目标对象对哪些特征最感兴趣，然后声称自己具备这些特征</td></tr>
<tr><td colspan="2">自我宣传</td><td>树立有能力、有责任等良好的公众形象，使自己受他人喜欢</td></tr>
<tr><td colspan="2">威慑他人</td><td>是指通过威慑他人让别人害怕，从而为自己树立令人敬畏的形象，来获取一定的社会权力和影响力</td></tr>
<tr><td colspan="2">以身作则</td><td>是指采用具有带动作用的道德示范方式，影响和控制他人的行为，比如道德高尚或者自我牺牲等</td></tr>
<tr><td colspan="2">恳求</td><td>通过宣传自己的缺陷和不足来影响他人，激活他人助人为乐的动机</td></tr>
<tr><td rowspan="8">保护性策略</td><td colspan="2">声明</td><td>通过某种方式向公众展示自己的优秀行为，以求得利益最大化</td></tr>
<tr><td colspan="2">间接印象管理</td><td>利用与其他积极人物之间的联系进行印象管理，通过激发“人以群分”的联想让他人积极看待自己</td></tr>
<tr><td rowspan="2">合理化理由</td><td>借口</td><td>当事人承认事情本身是错的，但是否定应该由他来承担责任</td></tr>
<tr><td>辩解</td><td>当事人承认自己对事情承担责任，但否认事情是错误的</td></tr>
<tr><td colspan="2">事先声明</td><td>在危机情境出现之前，根据先期预计的情况而提出借口</td></tr>
<tr><td colspan="2">自我设障</td><td>当结果不确定时，个体故意在工作过程中设置障碍，以便真的出现负面结果时为自己找到外部理由</td></tr>
<tr><td colspan="2">道歉</td><td>承认自己应付的责任，并对自己的不当行为表示自责和悔恨，以期获得目标观众的原谅和宽恕</td></tr>
<tr><td colspan="2">间接技术</td><td>与消极的事物划清界限，比如：表明自己立场，激烈攻击他人，利用中立方为自己助力等</td></tr>
</table>

资料来源：作者在现有文献（李瑞，2009）基础上整理所得。

3.3.4　印象管理风格

尽管人们都希望他人对自己有更好的看法和评价，但个体对印象管理的行为倾向及策略选择却不尽相同。Arkin（1981）将个体在印象管理倾向及行为方式上的差异称为印象管理风格差异。比如，人们通常认为那些喜欢“作假”的个体会更热衷于印象管理（Paulhus D L.，1991）。按照划分标准和测量工具的不同，印象管理风格可以有多种分类。在文献整理的基础上，我们在这里简要介绍四种常用的测量和分类方法。

（1）自我监控量表（Self - Monitoring Scale）

自我监控量表是目前使用最广泛的印象管理风格测量工具，主张以个体在社会互动中对外部线索留意和回应的程度来划分印象管理风格（Snyder M.，1974）。该量表主要测量在社会情境中个体积极的自我监督、自我控制的水平。

（2）自我呈现量表（Self - Presentation Scale）

该量表主要是根据个体印象管理行为中使用归因和排除技术的倾向程度来划分印象管理风格（Roth D L. et al.，1986）。量表由两部分组成，即归因倾向性分量表和排除倾向性分量表，前者测个体在多大程度上将积极特质归于自身，后者测个体多大程度上否认自身存在的消极特质。

（3）社会称许行为均衡量表（Balanced Inventory of Desirable Responding）

社会称许行为均衡量表主要根据个体迎合他人和自我欺骗的倾向来划分印象管理风格（Paulhus D L.，1991）。量表由印象管理和自我欺骗增强两个分量表构成，前者测个体伪装自我、迎合他人的倾向，后者测个体欺骗自我、夸大自我的倾向。

（4）组织情景中讨好行为量表（Measure of Ingratiatory Behaviors in Organizations Setting Scale）

该量表以个体在组织情境中讨好上级的频率来划分印象管理风格（Kumar & Beyerlein，1991）。量表测试的内容包括个体在抬举他人、意见遵从、自我增强和提供特殊关照等四个方面的行为倾向。

3.3.5　印象管理理论评述

印象管理指个体通过在他人面前进行有意识、有选择的自我展示，影响他人对自己的评价的行为，是个体具有较高社会适应能力的体现。印象管理理论在人际互动的一些领域得到了初步运用，如态度改变、自我服务的归因、社会焦虑及控制等（房龄，2005）。但是，现有研究的关注点主要是个体印象管理行为的影响因素及策略选择，对印象管理行为如何影响个体形象塑造缺乏深入研究，特别是实证研究。比如，Aaker（1999）的研究发现，高自我监控的个体印象管理的倾向和能力更强，其行为方式更多是基于情境需要；而低自我监控的个体其行为方式则更多是基于个性特质（自我图式）。但是，这两种不同的行为方式分别会给他人留下什么样的印象，会给个体带来什么的后果这些问题在现有文献里没有得到合理的解答。本书以企业家在前台化表演中的着装风格选择为主题，通过实证研究探索个体不同的印象管理行为对其形象塑造的影响，并试图探寻其作用的内在心理机制。我们的研究发现将会是对印象管理理论的完善和补充。

第 4 章　研究模型与假设

4.1　研究模型建构与变量界定

4.1.1　研究模型建构

通过前文对企业家前台化表演、着装以及企业家形象等文献的回顾和分析，我们确定了本研究要探索的主要问题：企业家前台化表演中的着装风格对其形象的影响。然后，通过对社会互动理论中的拟剧论、符号互动论、角色理论以及印象管理理论等进行回顾、梳理，使我们对这一问题有了更加深刻的认识。在此基础上，我们对研究中涉及的相关变量及其内在关联进行了分析，并提出了本研究的理论模型，见图 4－1。

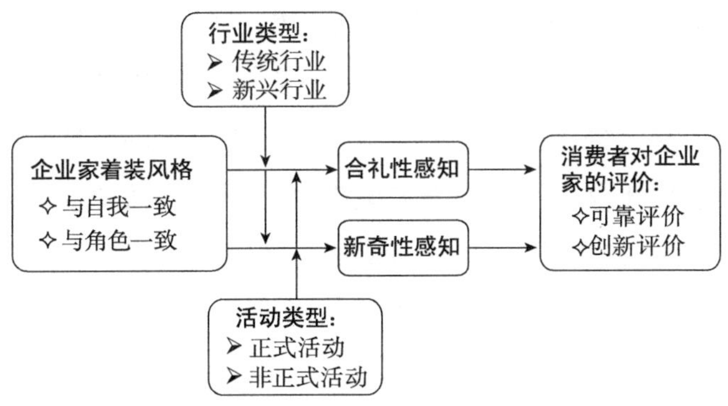

图 4－1　本研究的理论模型

本研究的自变量是企业家在前台化表演中的着装风格。我们从社会互动的视角出发，基于角色理论将企业家着装风格划分为“与自我一致”和“与角色一致”两种类型。因变量是消费者对企业家的评价，我们主要测量消费者对企业家的可靠评价和创新评价。中介变量是消费者对企业家着装风格的感知，包括合礼性感知和新奇性感知，我们将通过实验数据检验其是否在企业家着装风格对企业家形象的影响中发挥中介作用。同时，我们还将检验行业类别和活动类型的调节作用。

4.1.2 变量的界定

4.1.2.1 着装风格

一直以来，公众对企业家的着装认知存在刻板印象，即企业家应该穿正装（Starnawska M.，2010）。《华尔街日报》的一篇文章也指出，“深色西装是一个 CEO 最安全的穿着”（*Wall Street Journal*，2008），这可以理解为公众对企业家着装的角色期望。但是，近年来越来越多的企业家试图打破这种角色期望，他们在着装选择时往往忽视自身的社会角色而更注重对个性特质的表达，比如 Jobs、Zuckerberg 等。这些“便装 CEO”们不喜欢甚至排斥穿西装，更喜欢舒适、简单和个性化的休闲装。基于以上分析，在本研究中，我们以角色理论为基础，将企业家的着装风格划分为：“与自我一致”的着装和“与角色一致”的着装。

需要说明的是，“与自我一致”并不完全意味着“与角色不一致”，因为有些企业家已经把外在的社会规范内化为自我的个性，即发自内心的喜欢正装。由于这些企业家在着装选择上不存在认知冲突，而且数量也比较少，我们在本研究中没有对其进行考察。确切说，本研究中“与自我一致”和“与角色一致”的精确定义是：“与自我个性一致但与角色期望不一致”和“与角色期望一致但与自我个性不一致”。

4.1.2.2 企业家形象

企业家形象是利益相关者对来自企业家的各类信息进行接收和加工后在脑海中对企业家的评价（Lippmann，2005）。根据解释水平理论

（Trope Y.，Liberman N. & Wakslak C.，2007），当消费者面对企业家或者通过电视、网络等媒介看到企业家肖像时，其心理距离是比较近的，因此对企业家的印象也是比较具体的。企业家形象并不是简单的“好”或“坏”的综合性判断，而且大多数情况下企业家形象并不是单一维度的（Poiesz，1989；Riel，2004）。结合本研究的具体问题，我们主要测量消费者对企业家的创新评价和可靠评价。

创新对于现代企业具有重要意义，是企业生存和发展的至关重要的影响因素之一（King & Anderson，1995；Herriot & Anderson，1997；Patterson F.，2002）。创新有很多定义，但缺乏一个综合性、得到广泛认可的概念（Mumford & Gustafson，1988）。在个体层面，创新更多地被解释为创新性思维，并被看作是个体整体智力的一部分（Spearman，1931；Cattell，1971；Westcott & Ranzoni，1963）。创新被认为是企业家的一项重要特质，熊彼特更是直接将企业家等同于创新者（Schumpeter，1934）。

同时，作为企业的管理者和掌舵者，企业家必须具有可靠的品质（Schneider M & Teske P，1993；Llewellyn & Wilson，2003）。特别是对于银行家和投资者来说，企业家的诚信和可靠具有重要意义（Shepherd & Zacharakis，2001）。对于消费者来说，企业家值得信赖的个性特质也能够增强他们对公司和品牌的信心和好感。

4.1.2.3　合礼性感知

礼，指礼貌、礼节，英文一般翻译为 politeness 或 courtesy。中国是一个十分重视礼的社会，个体的服装选择要合乎礼仪表达的要求，即着装要具有“合礼性”（perceived courtesy）（许星，2000）。礼是对个体行为的社会性规制，行为合礼即意味着遵守社会规范（Gotlieb J. et al，2004）。企业家着装的合礼性感知，是指公众对企业家的着装是否符合社会规范或角色期望的一种主观判断。从消费者的立场来看，企业家与角色期望一致的着装，即穿着正式服装，似乎更符合着装的社会性规范，因而更具有合礼性。本研究将从消费者感知的视角测量企业家着装的合礼性，即测量消费者对企业家着装风格的合礼性感知，并检验其是否在企业家着装风格对可靠评价的影响中起中介作用。

4.1.2.4 新奇性感知

在这个信息拥塞和爆炸的时代，新奇感对于引起他人的注意和回应具有非常重要的意义（Palmgreen et al，2002）。在营销实践领域，具有新奇性的刺激物如产品、广告和信息传递方式等对消费者态度以及企业产出具有了显著的积极影响（burke & james，2008）。相对于大家熟知的产品，那些具有新奇感的产品更能够激发消费者对其广告和品牌产生情感回应以及购买意愿（cox & locander，1987）。对产品来说，新奇感和创新性有着紧密的联系。在本研究中，我们将测量消费者对企业家着装风格的新奇性感知，并检验其是否在企业家着装风格对创新评价的影响中起中介作用。

4.1.2.5 活动类别

当前，企业家在社会前台展现出前所未有的活跃性，他们积极参与众多的各式各样的活动，比如出席经济发展论坛、接受媒体采访、做客财经栏目、高尔夫运动、开博客、写专栏等。根据这些活动的组织性、严肃性、聚焦性以及身份地位相关性（Irvine J T.，1979），可以将其分为正式活动和非正式活动两大类。正式活动具有严谨的组织流程，氛围更加严肃，一般聚焦于单一的主题，参与者的行为与身份地位紧密相关。在正式活动中，角色期望对个体的制约非常突出，参与者需要严格遵守相关的社会行为规范。本研究中，我们将通过实验设计对活动类型进行操控，并检验其是否在企业家着装类型对其形象的影响中发挥调节作用。

4.1.2.6 行业类别

行业有很多种分类方法，其中传统的、常用的是标准行业分类法

(Standard Industry Classification，SIC)。但SIC对行业的划分主要是基于生产单位的活动，没有考虑公司的创新活动。根据本研究的具体情况，我们采用Pavitt (1984) 和Han Y J. & Park Y. (2006) 的分类方法，按照技术特征和创新活动比重将行业划分为新兴行业和传统行业。其中，新兴行业主要指基于纳米技术（nanotechnology，NT）、生物技术（biotechnology，BT）和信息技术（information technology，IT）的高新技术行业。和传统行业相比，新兴行业对知识和创新的依赖程度更高，其员工更具个性（Keeble D E.，1989；Lucas & Deery，2004）。从着装来看，新兴行业的员工在工作场合穿便装的比例要高很多（Walter，1996）。在本研究中，我们将通过实验对行业类型进行操控，并检验其是否在企业家着装类型对其形象的影响中发挥调节作用。

4.2　理论推演与假设的提出

4.2.1　着装风格对企业家形象的影响

一直以来，深色西装是CEO最安全的穿着。穿正装（formal dressed）是公众对企业家在着装方面的角色期望，也是企业家着装的角色规范。如Molloy (1988) 描绘的那样："我们更容易相信、尊重和服从穿着西装的男人；在任何层次的社会，西装都是和权威、地位、权力紧密相关的。"但是，近年来开始流行一个新的着装趋势——"便装CEO"（CEO Casual），越来越多的企业家开始倡导休闲、随意的着装，在他们眼里西装成了守旧和顽固的信号。他们认为，便装是个性特质的体现，能够给公众和公司员工"传递一个现代的、创造性的信息"（Wall Street Journal，2008）。诚然，和西装革履（与角色一致的着装风格）相比，穿着休闲装（与自我一致的着装风格）的企业家，就Zuckerberg在Facebook IPO路演时穿着连帽衫和牛仔裤那样，的确会超乎消费者的意料，能够给消费者带来强烈的"新奇感"。而行为上的与众不同，以及喜欢追求新奇事物，正是创新性人才的特征之一（Sternberg，1981；Schweizer，2006）。所以，消费者很容易将“便装 CEO”们看作是更具创新性的企业家。因此，我们提出以下假设：

H1：与自我一致（VS. 与角色一致）的着装风格能让消费者对企业家有较高（VS. 较低）的创新评价。

H2：消费者对企业家着装的新奇性感知中介于该影响过程。

但是，任何事情都有两面。企业家与自我一致的着装风格在给消费者带来新奇感的同时，也会给消费者造成心理上的不适。因为张扬个性、与角色期望相悖的着装风格会让消费者感觉企业家的行为忽视了他人感受，在礼貌上是对他人的一种不尊重，即感觉企业家的着装是不“合礼”的。这种不合礼主要体现为对大家共同遵守的道德标准的背弃，体现为不按既定的社会行为规范行事。一个违背社会规范的人，常常会被公众认为是不值得信赖的（Becher，1963）。所以，相对于与角色一致的着装风格，当企业家选择与自我一致但与角色不一致的着装风格时，消费者会认为该企业家的可靠性较低。因此，我们提出以下假设：

H3：与自我一致（VS. 与角色一致）的着装风格能让消费者对企业家有较低（VS. 较高）的可靠评价。

H4：消费者对企业家着装的合礼性感知中介于该影响过程。

4.2.2 活动类型的调节作用

如前文所述，当前企业家在社会前台展现出了前所未有的活跃性，积极参与众多的各式各样的活动，诸如经济发展论坛、媒体采访、做客财经栏目、高尔夫运动、开博客、写专栏等。这些活动既包括正式活动，也包括非正式活动，其主要区别就是活动的组织性、严肃性、聚焦性以及身份地位的重要性（Irvine，1979）等。正式活动一般经过严格的组织和策划，活动的氛围也都比较严肃，强调参与者的社会身份，比如政治协商会议和公司的新产品发布会等；而非正式活动则相对氛围较为轻松，活动的组织和流程相对没有那么严格，一般不太突出参与者的社会身份，比如各类娱乐节目、休闲运动等。在正式活动中企业家的角色身份更加凸显，对其行为的角色规范要求也更严格，企业家一旦做出与角色期望相悖的行为，很容易引起消费者的消极评价；在非正式活动中，企业家的角色身份往往被淡化，对其行为的角色规范要求也很低，企业家与角色期望不一致的行为一般不会引起消费者的消极评价（Kaiser，1983）。因此，我们提出以下假设：

H5：活动类型在企业家着装风格对其形象的影响过程中起调节作用。

H5a：在正式活动中，与自我一致（VS. 与角色一致）的着装风格能让消费者对企业家有较高（VS. 较低）的创新评价，和较低（VS. 较高）的可靠评价。

H5b：在非正式活动中，与自我一致（VS. 与角色一致）的着装风格能让消费者对企业家有较高（VS. 较低）的创新评价；但两种着装风格下消费者对企业家的可靠评价无显著差异。

4.2.3　行业类型的调节作用

根据本研究的具体情况，我们采用 Pavitt（1984）和 Yoo – Jin & Yongtae（2006）的分类方法，按照技术特征和创新活动比重将行业划分为新兴行业和传统行业。和传统行业相比，新兴行业对知识和创新的依赖程度更高，其员工更具个性（Keeble，1989；Lucas，Deery，2004）。在着装方面，新兴行业的领导和员工更喜欢在工作场合甚至其他重要的公开场合穿便装（Walter，1996），典型代表人物如众所周知的 Jobs Zuckerberg 等。通过新闻媒介的报道以及人际传播的影响，消费者对新兴行业领导及员工的着装习惯已经有了初步了解。所以，当新兴行业的企业家以休闲装进行前台化表演时，消费者尽管也会觉得新奇，但不会认为是对他人的不尊重，而是将其归因为企业家个性特质使然。因此，我们提出以下假设：

H6：行业类型在企业家着装风格对其形象的影响过程中起调节作用。

H6a：对传统行业的企业家来说，与自我一致（VS. 与角色一致）的着装风格能让消费者对其有较高（VS. 较低）的创新评价和较低（VS. 较高）的可靠评价。

H6b：对新兴行业的企业家来说，与自我一致（VS. 与角色一致）的着装风格能让消费者对其有较高（VS. 较低）的创新评价；但两种着装风格下消费者对企业家的可靠评价无显著差异。

第 5 章　研究设计及实证检验

本章主要包括四个部分的内容：第一部分是预实验，通过在互联网上收集企业家前台化表演的照片，为研究设计筛选素材，并对所筛选出的照片的有效性进行检验，同时还检验了被试对企业家着装的角色期望；第二部分是实验 1，主要是对研究模型的主效应进行检验：考察企业家着装风格对其形象（可靠评价和创新评价）的影响，以及检验合礼性感知和新奇性感知的中介作用；第三部分是实验 2，主要是检验活动类型的调控作用，即检验在正式活动和非正式活动情境中实验 1 发现的主效应是否有所差异；第四部分是实验 3，主要是检验行业类型的调控作用，即检验对新兴行业和传统行业的企业家来说，实验 1 发现的主效应是否有所差异。

5.1　预实验

5.1.1　目的

在实施正式实验之前，我们设计了测试问卷进行预实验，为正式的研究设计做准备。预实验目的主要有三个：首先，确定实验的刺激材料以实现对企业家着装风格的操控，并检验操控是否能够被消费者清晰识别；其次，检验消费者对企业家着装的角色期望，即在消费者印象中企业家应该如何着装；最后，对情境描述的内容、措辞、形式和布局以及填写说明等进行测试，最终识别并消除问卷当中可能存在的问题。

5.1.2 实验素材的选定

图5－1 穿正装的企业家素材

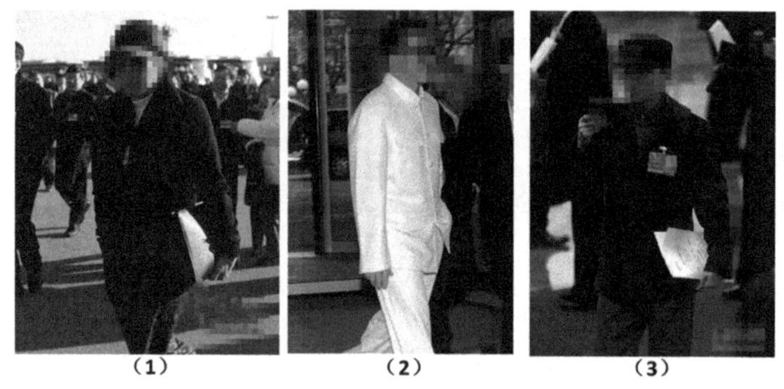

图5－2 穿休闲装的企业家素材

当前，个体着装的影响已不再限于面对面的交流情境，个体特别是社会名人的着装肖像随处可见，比如个人网站（Marcus et al，2006；Vazire & Gosling，2004）和社交网络（Buffardi & Campbell，2008；Gosling et al，2008）。因此，有关着装的很多研究都普遍采用让被试观看图片的方式，来代替面对面的交流，以减少动态变量的干扰（Kaiser，1983；Damhorst，1985；Feinberg et al，1992；Sebastian et al，2008；Naumann et al，2009）。在本研究中，我们也使用企业家着装的图片作为实验的刺激物。

对中国企业来说，政治关联（political ties）具有非常重要的意义，为此很多企业家都活跃在政治舞台上，并积极谋取政治身份（Shibin Sheng et al，2011）。因此，本研究选取政治协商会议作为企业家前台化表演的背景，并虚拟为“W 市政协第八届委员会第二次会议”。我们从百度图片库中精心挑选了 82 张全国政协委员的照片，其中穿正装的 48 张，穿休闲装的 34 张。然后，由 3 名营销学博士生和一名服装销售顾问（在武汉群光广场某服装品牌专柜任职）组成鉴别小组，经过充分的讨论从中选出 6 张（3 张正装，3 张休闲装）作为备用素材。为了剔除服装色彩的影响（Scherbaum & Shepherd，1987），我们对照片进行了黑白色处理（Buck & Tiene，1989）；为了剔除长相、表情等因素的干扰，我们将图片中政协委员的头部进行了马赛克处理（Feinberg et al，1992），见图 5 – 1 和图 5 – 2。

然后，我们让 12 名博士生和硕士生对两组图片中的委员进行投票，选出“图片中最像企业家的人”；最终，正装组的 3 号和休闲装组的 1 号分别得票最多被选作本研究的刺激材料。

5.1.3　操作过程

以两个刺激材料为基础，我们设计了两套预测试问卷：一套是“与自我一致”的着装风格，一套是“与角色一致”的着装风格。两套的问卷使用共同的情境描述，即 W 市的 H 集团公司董事长兼总经理 A 先生出席市政协第八届委员会第二次会议；区别在于：“与自我一致”组关于企业家着装选择的描述是“A 先生对穿什么衣服进行了认真思考，最终选了一套**自己喜欢的休闲装**”；而“与角色一致”组则描述为“A 先生对穿什么衣服进行了认真思考，最终放弃个性喜好，选择了一套**适合自己身份的西服套装**”。

我们使用一个单问项 9 级量表检验被试对企业家服装正式程度的感知（1 = 休闲装，9 = 正装）（Karen Lightstone et al，2011）。同时，使用问项“我认为企业家 A 先生参加政协会议时的着装选择是基于其社会角色”和“我认为企业家 A 先生参加政协会议时的着装选择是基于其个性特质”来进一步检测消费者对企业家着装选择的感知。

我们还检测了被试对企业家着装是否存在刻板印象，使用单问项“说到‘企业家’，我的脑海中就会浮现出一个穿着______的人”（1＝休闲装，9＝正装）。为排除因消费者能识别出刺激材料中人物的真实身份而带来的干扰，我们采用了单问项“我之前见过材料中的这张图片，并且能识别图片中人物的真实身份”来进行操纵检验。最后，让被试填写其背景资料，包括性别、年龄、学历等。

在预实验中，两套问卷量表各打印了 45 份，由武汉大学经管院营销专业的两名硕士研究生帮忙到学校图书馆进行数据收集。在问卷发放之前，我们对其进行了专业的问卷发放及回收培训。

5.1.4 数据分析

在剔除无效问卷之后，最终有效问卷 78 份，其中“与自我一致”情境的问卷 40 份，“与角色一致”情境的问卷 38 份，有效回收率达 86.7%；被试中男性比例为 52.3%，女性比例为 47.7%。

我们首先检验了被试对情境刺激材料真实身份的识别情况，结果发现：两个情境中的被试对刺激材料真实身份的识别率均比较低，且无显著差异（$M_{自我一致} = 3.27$，$M_{角色一致} = 3.29$，$F(1, 76) = 0.02$，$P > 0.91$）。

然后，我们检测了被试对企业家着装的角色期望，结果显示：两个情境中的被试对企业家着装的角色期望均为正装：$M_{自我一致} = 6.25$，与中位数 5 相比是显著的，$t = 6.3$，$P < 0.001$；$M_{角色一致} = 6.05$，与中位数 5 相比也是显著的，$t = 3.46$，$P < 0.001$；并且无显著差别（$M_{自我一致} = 6.25$，$M_{角色一致} = 6.05$，$F(1, 76) = 0.3$，$P > 0.59$）（见表 5－1）。

表 5-1　企业家着装的角色期望

	与自我一致情境	与角色一致情境
$M_{着装角色期望}$	6.25	6.05
t	6.3	3.46
p	0.000	0.000
方差检验	F（1，76）=0.3，P>0.59，无显著差异	

对于着装类型操控的检验发现，被试能清晰识别出“与自我一致”情境下的服装类型为休闲装，“与角色一致”情境下的服装类型为正装（$M_{自我一致}=4.63$，$M_{角色一致}=6.89$，$F(1, 76)=283.1$，$P<0.001$）（见表 5-2）。另外，基于动态“着装”的概念，我们还检测了被试对企业家着装选择的感知。在“与自我一致”的情境下，被试感知企业家的着装选择主要是基于其个性特质（$M_{基于角色}=3.7$，$M_{基于个性}=6.0$，$F(1, 78)=177.9$，$P<0.001$）；在“与角色一致”的情境下，被试感知企业家的着装选择主要是基于其社会角色（$M_{基于角色}=6.05$，$M_{基于个性}=3.79$，$F(1, 74)=324.2$，$P<0.001$）。

表 5-2　预实验中企业家着装类型的操控性检验

	$M_{服装正式程度感知}$	$M_{基于个性}$	$M_{基于角色}$
“与自我一致”着装风格	4.63	6.0	3.7
“与角色一致”着装风格	6.89	3.79	6.05

我们还对被试的着装正式程度感知、基于社会角色感知和基于个性特质感知进行了相关性检验，结果发现：着装正式程度感知和基于社会角色感知显著正相关，pearson 相关系数 =0.77，$p<0.001$；着装正式程度感知和基于个性特质感知显著负相关，pearson 相关系数 = -0.715，$p<0.001$；基于社会角色感知和基于个性特质感知显著负相关，pearson 相关系数 = -0.67，$p<0.001$。说明三个问项对企业家着装风格操控有效性的检测结果是一致的。

综合以上数据，我们发现：第一，被试对企业家着装存在明显的角色期望，即普遍认为企业家应该穿正装，休闲装与企业家角色不一致。第二，被试可以清晰地辨识出不同情境中刺激人物的着装类型，对企业家着装选择的感知也和我们预期一致。因此，我们对企业家着装类型的操控达到了预期效果。

5.2 实验1

5.2.1 实验设计

实验1的目的主要有两个：首先，研究企业家的不同着装类型对其形象的影响；其次，探索其内在的影响机制，即检验消费者感知（合礼性感知和新奇性感知）是否在中间发挥中介作用。我们通过一个2组（与自我一致 vs. 与角色一致）的组间因子实验对假设H1～H4进行检验。自变量企业家着装风格被操控为两个水平："与自我一致"和"与角色一致"；因变量企业家形象由"可靠评价"和"创新评价"构成。

来自湖北工业大学的62名本科生自愿参加了本次实验，其中男生34人，女生28人，男女比例基本均衡；这些学生被随机分配到两个实验情境中。我们以"参加实验可以获得《市场营销管理》课程期末总成绩加5分"为刺激条件，激励被试认真完成问卷的填写。最后收回有效问卷61份（1份问卷填写不完整），有效回收率98.4%。

5.2.2 实验程序和变量测量

首先，我们将被试随机分成两组，分别给他们阅读通过预实验设计并检验过的两个实验脚本，来操控企业家的着装类型。两个脚本具有相同的活动情境，即"××××年×月×日上午，中国人民政治协商会议W市第×届委员会第×次会议在省人民会堂隆重开幕。W市的H集团公司董事长兼总经理A先生，作为本届政协委员出席了会议"。在"与自我一致"组，关于企业家着装选择的描述是"A先生对穿什么衣服进行了认真思考，最终选了一套自己喜欢的休闲装"；而在"与角色一致”组，我们则描述为“A 先生对穿什么衣服进行了认真思考，最终选了一套适合自己身份的西服套装”。阅读完脚本之后，我们让被试填写和预实验中相同的着装类型操控检验量表。

然后，我们让被试阅读并完成有关中介变量的测试量表。对于合礼性感知的测量，我们借鉴了 Parasurama et al（1985）开发的量表并适当修改以适用于本研究的情境，共包括 3 个问项：参加政协会议，A 先生的着装风格考虑了他人感受；参加政协会议，A 先生的着装风格显得非常得体；参加政协会议，A 先生的着装风格合乎着装礼仪要求。对于新奇性感知的测试，我们借鉴了 Palmgreen et al（2002）开发的量表并适当修改以适用于本研究的情境，也是包括 3 个问项：参加政协会议，A 先生的着装风格显得很独特；参加政协会议，A 先生的着装风格让人觉得很新奇；参加政协会议，A 先生的着装风格出乎我的意料。

接下来，被试阅读并完成对企业家形象的测试量表。结合本研究的实际情况，我们主要检测消费者对企业家的可靠评价和创新评价。在 Miller A H. et al（1986）的量表基础上进行了适当调整，形成了可靠评价量表，共 3 问项：我认为企业家 A 先生是一个做事谨慎的人；我认为企业家 A 先生是一个稳重的人；我认为企业家 A 先生是一个责任心非常强的人。对创新评价的测试，我们在 Kleysen & Street（2001）开发的量表基础上适当修改形成了适用于本研究情境的量表，共包括 3 个问项：我认为企业家 A 先生乐于遵守既定的社会规范（反向问项）；我认为企业家 A 先生非常善于接受社会中的新观念和新事物；我认为企业家 A 先生在工作中喜欢探索并尝试新想法和新思路。

为排除因消费者能识别出刺激材料中人物的真实身份而带来的干扰，我们采用了单问项“我之前见过材料中的这张图片，并且能识别图片中人物的真实身份”来进行操纵检验。

最后，让被试填写其背景资料，包括性别、年龄、学历等。

5.2.3 操控检验

在进行操控性检验之前，我们首先测量了新奇性感知、合礼性感知、可靠评价和创新评价等变量的信度，结果显示：新奇性感知的 Cronbach'α 为 0.909，合礼性感知的 Cronbach'α 为 0.872，可靠评价的 Cronbach'α 为 0.885，创新评价的 Cronbach'α 为 0.896。

数据检验发现，两组情境中的被试对情境中刺激材料真实身份的识别率均比较低，且无显著差异（$M_{自我一致}=2.9$，$M_{角色一致}=2.94$，$F(1, 59)=0.06$，$P>0.81$）。对于着装类型操控的检验发现，被试能清晰识别出“与自我一致”情境下的服装类型为休闲装，“与角色一致”情境下的服装类型为正装（$M_{自我一致}=4.57$，$M_{角色一致}=6.84$，$F(1, 59)=215.4$，$P<0.001$）。另外，关于被试对企业家着装选择的感知，在“与自我一致”的情境下，被试感知企业家的着装选择主要是基于其个性特质（$M_{基于角色}=3.73$，$M_{基于个性}=5.93$，$F(1, 58)=132.7$，$P<0.001$）；在“与角色一致”的情境下，被试感知企业家的着装选择主要是基于其社会角色（$M_{基于角色}=6.06$，$M_{基于个性}=3.84$，$F(1, 60)=229.6$，$P<0.001$）（见表5-3）。

表5-3 实验1中企业家着装类型的操控性检验

操控检验	$M_{服装正式程度感知}$	$M_{基于个性}$	$M_{基于角色}$
“与自我一致”着装风格	4.57	5.93	3.73
“与角色一致”着装风格	6.84	3.84	6.06

我们对被试的着装正式程度感知、基于社会角色感知和基于个性特质感知进行了相关性检验，结果发现：着装正式程度感知和基于社会角色感知显著正相关，pearson 相关系数 =0.76，$p<0.001$；着装正式程度感知和基于个性特质感知显著负相关，pearson 相关系数 = -0.707，$p<0.001$；基于社会角色感知和基于个性特质感知显著负相关，pearson 相关系数 = -0.67，$p<0.001$。说明三个问项对企业家着装风格操控有效性的检测结果是一致的。

综上以上数据分析情况，我们对企业家着装类型的操控达到了预期效果。

5.2.4　假设检验

5.2.4.1　企业家着装风格对其形象的影响

在“与自我一致”的情境下，被试对企业家的创新评价均值为5.94；而在“与角色一致”的情境下，被试对企业家的创新评价均值则为4.31；可见企业家着装类型对其创新评价具有显著影响（$M_{与自我一致}=5.94$，$M_{与角色一致}=4.31$，$F(1, 59)=164.5$，$P<0.001$），即与自我一致（VS. 与角色一致）的着装风格能让消费者对企业家有较高（VS. 较低）的创新评价，假设 H1 得到验证。

同时，在“与自我一致”的情境下，被试对企业家的可靠评价均值为3.87；而在“与角色一致”的情境下，被试对企业家的可靠评价均值则为5.87；可见企业家着装类型对其可靠评价同样具有显著影响（$M_{与自我一致}=3.87$，$M_{与角色一致}=5.87$，$F(1, 59)=134.1$，$P<0.001$），即与自我一致（VS. 与角色一致）的着装风格能让消费者对企业家有较低（VS. 较高）的可靠评价，假设 H3 得到验证。

5.2.4.2　新奇性感知和可靠性感知的中介作用

在企业家着装风格对其形象的影响过程中，其影响作用是直接发生，还是通过消费者的感知间接产生影响？回答这个问题需要对消费者感知进行中介检验。根据中介效应的检验程序（温忠麟、张雷、侯杰泰和刘红云，2004），我们采用依次检验回归系数的方法。如果下面两个条件成立，则中介效应显著：自变量显著影响因变量；在因果链中的任一变量，控制了它前面的变量后，显著影响它的后继变量（Baron，Kenny，1986）。根据我们的理论推导及研究假设，新奇性感知中介于企业家着装风格对其创新评价的影响，而合礼性感知中介于对其可靠评价的影响，为此我们将分别对其进行回归检验。在回归检测中，我们以被试对企业家着装正式程度的感知作为判断企业家着装风格的数据。结果见表 5 –4。

表 5 –4　实验 1 中对新奇性感知和合礼性感知中介作用的检验

	步骤	标准化回归方程	回归系数检验
新奇性感知的中介检验	第一步	企业家创新评价 = –0. 772 × 着装类型	SE = 0. 062　t = –9. 327　p = 0. 000
	第二步	新奇性感知 = –0. 822 × 着装类型	SE = 0. 089　t = –11. 10　p = 0. 000
	第三步	企业家创新评价 = 0. 525 × 新奇性感知 –0. 34 × 着装类型	SE = 0. 081　t = 4. 054　p = 0. 000 SE = 0. 097　t = –2. 629　p = 0. 011
合礼性感知的中介检验	第一步	企业家可靠评价 = 0. 702 × 着装类型	SE = 0. 087　t = 7. 579　p = 0. 000
	第二步	合礼性感知 = 0. 716 × 着装类型	SE = 0. 105　t = 7. 874　p = 0. 000
	第三步	企业家可靠评价 = 0. 441 × 合礼性感知 +0. 387 × 着装类型	SE = 0. 098　t = 3. 656　p = 0. 001 SE = 0. 113　t = 3. 204　p = 0. 002

从表 5 –4 可以看出，企业家前台化表演中的着装风格对其创新评价有显著的影响，和“与角色一致”的风格相比，与“自我一致”的着装风格能带来更高的创新评价。但是，当我们把着装风格和消费者的新奇性感知对企业家的创新评价同时做回归时，着装风格对企业家创新评价的主效应减弱了，说明消费者的新奇性感知起着部分中介作用；对合礼性感知的中介作用检验结果同样如此，即合礼性感知在企业家着装风格对其可靠评价的影响中发挥部分中介作用。因此，假设 H2 和 H4 得到验证。

5. 2. 5　讨论

通过实验 1 我们发现，企业家在前台化表演中的着装风格对其形象有显著的影响，并且消费者对企业家着装的心理感知在其中起着中介作用。具体说：企业家采用“与自我一致”（相比于“与角色一致”）的着装风格时，会让消费者产生更高的新奇性感知，因而对企业家有较高的创新评价；但是，企业家采用“与自我一致”（相比于“与角色一致”）的着装风格，也会降低消费者的合礼性感知，使其对企业家有较低的可靠评价。这一发现对企业家在前台化表演中的着装选择具有重要的指导意义，即企业家着装选择须谨慎，因为任何一种风格都有利有弊，会对企业家形象的某一方面（创新评价或可靠评价）有较大的提升作用，但同时又对另一个方面有所损害。

尽管我们发现了企业家着装风格对其形象的影响以及其内在的作用机制，但要更好地指导企业家的着装实践，仍需探明有哪些因素会对这一过程产生影响，即探明相关的调节变量。基于前文的假设推导，我们认为活动类型会是一个显著的调节变量，因为在不同类型的活动中，消费者对企业家的角色期望水平有显著差异，对行为与社会规范一致性的期望也不同，必然会影响到其对企业家着装的心理感知，进而影响到对企业家的评价。为此，我们将通过实验 2 对活动类型的调节作用进行检验。

5.3　实验 2

5.3.1　实验设计

实验 2 的目的主要检验活动类型的调节作用。我们通过一个 2（与自我一致 VS. 与角色一致）×2（正式活动 vs. 非正式活动）的组间因子实验对假设 H5 进行检验。自变量企业家着装风格被操控为两个水平：“与自我一致”和“与角色一致”；调节变量活动类型被操控为两个水平：正式活动和非正式活动；因变量企业家形象由“可靠评价”和“创新评价”构成。

来自郑州轻工业学院的 108 名本科生自愿参加了本次实验，其中男生 52 人，女生 56 人，男女比例基本均衡；这些学生被随机分配到四个实验情境中。我们以“参加实验可以获得《人力资源管理》课程期末总成绩加 5 分”为刺激条件，激励被试认真完成问卷的填写。最后收回有效问卷 105 份（3 份无效问卷均因为填写不完整），有效回收率 97.2%。

5.3.2 实验素材的选定

在实验 1 的情境设置中，尽管我们经过了缜密考虑，但还是存在一些不足之处：首先，虽然两个图片的背景都是全国政治协商会议的外景，但却存在不少差异；另外，两个虚拟企业家虽然都处于自然状态，但其姿态却明显不同，这极有可能对被试的认知产生干扰（Scherbaum & Shepherd，1987）。在实验 2 中，我们将通过更加细致的设计规避上述问题。

首先，经过和几位博士生的讨论，我们选取 Jobs 作为休闲着装的虚拟企业家原型，因为其牛仔裤和圆领衫在“与自我一致”着装风格的企业家中比较有代表性。为增加辨识难度，我们对原图进行了以下处理：第一，头部进行马赛克效果处理；第二，通过 Photoshop 软件对服装颜色进行了微调；第三，给圆领衫添加了枫叶图案，增加被试的识别难度。对于穿正装的虚拟企业家的设计，我们精心挑选了一个身高、身材和 Jobs 都极其相似的男博士生作为模特，并在拍照时使其模仿 Jobs 的姿态，以消除身高、身材、姿态等变量的干扰。

其次，我们选取罗技公司的新产品发布会作为正式活动的背景，湖南卫视《天天向上》节目作为非正式活动的背景，并通过 Photoshop 软件进行处理，移除背景中的原由人物，将我们设计好的两位虚拟企业家人物分别 PS 进去，共形成了 4 个不同背景的刺激材料。

5.3.3 实验程序和变量测量

首先，我们将被试随机分成 4 组，分别给他们阅读 4 个不同的实验脚本，来操控企业家着装类型和活动类型。我们对正式活动的情境描述是：“H 集团公司是 W 市一家知名的信息技术企业。2013 年 2 月 1 日，该公司举行了新产品发布会，宣布其最新一代的信息数据高速储存产品上市。H 集团公司的董事长兼总经理 A 先生出席新产品发布会，并亲自担当发布会主持人"；对于非正式活动的情境描述是："H 集团公司是 W 市一家知名的信息技术企业。2013 年 2 月 1 日，H 集团公司赞助了市电视台的一期娱乐节目，该节目氛围欢快、轻松幽默，具有较高的收视率，也受到了广大观众的好评。H 集团公司董事长兼总经理 A 先生应邀参加节目，并现场和多位节目主持人互动交流"。对于着装风格操控的情境描述和实验 1 相同。阅读完脚本之后，我们让被试填写和实验 1 相同的着装类型操控检验量表。

接下来我们让被试完成有关新奇性感知、合礼性感知、创新评价和可靠评价的量表，所使用量表均和实验 1 相同。

为排除因消费者能识别出刺激材料中人物的真实身份而带来的干扰，我们通过单问项"我之前见过材料中的这张图片，并且能识别图片中人物的真实身份"对刺激材料的虚拟性进行操纵检验。我们在问卷中描述了正式活动和非正式活动的区别，即组织性、严肃性、聚焦性以及身份地位相关性等方面的不同，然后使用单问项"根据上述定义，我觉得 H 集团公司的新产品发布会属于：（1 为非正式活动，9 为正式活动）"来检测操控效果。

5.3.4　操控检验

在进行操控性检验之前，我们首先测量了新奇性感知、合礼性感知、可靠评价和创新评价等变量的信度，结果显示：新奇性感知的 Cronbach'α 为 0.866，合礼性感知的 Cronbach'α 为 0.857，可靠评价的 Cronbach'α 为 0.895，创新评价的 Cronbach'α 为 0.906。

我们检测了刺激材料的虚拟性程度，结果发现四组被试对情境中刺激材料真实身份的识别率均比较低，且无显著差异（$M_{total}=3.286$，$F(3, 101)=0.158$，$P>0.2$）。对于活动类型操控的检验发现，被试能够清晰地识别出我们设计的不同活动类型（$M_{正式}=6.615$，$M_{非正式}=4.905$，$F(1, 103)=161.82$，$P<0.001$）。

对于着装类型操控的检验发现，被试能清晰识别出“与自我一致”情境下的服装类型为休闲装，“与角色一致”情境下的服装类型为正装（$M_{自我一致}=3.62$，$M_{角色一致}=6.55$，$F(1, 103)=573.95$，$P<0.001$）。另外，关于被试对企业家着装选择的感知，在“与自我一致”的情境下，被试感知企业家的着装选择主要是基于其个性特质（$M_{基于角色}=3.72$，$M_{基于个性}=5.92$，$F(1, 98)=205.3$，$P<0.001$）；在“与角色一致”的情境下，被试感知企业家的着装选择主要是基于其社会角色（$M_{基于角色}=6.05$，$M_{基于个性}=3.84$，$F(1, 108)=364.5$，$P<0.001$）（见表 5－5）。

表 5－5　实验 2 中企业家着装类型的操控性检验

操控检验	$M_{服装正式程度感知}$	$M_{基于个性}$	$M_{基于角色}$
“与自我一致”着装风格	3.62	5.92	3.72
“与角色一致”着装风格	6.55	3.84	6.05

我们对被试的着装正式程度感知、基于社会角色感知和基于个性特质感知进行了相关性检验，结果发现：着装正式程度感知和基于社会角色感知显著正相关，pearson 相关系数 $=0.79$，$p<0.001$；着装正式程度感知和基于个性特质感知显著负相关，pearson 相关系数 $=-0.73$，$p<0.001$；基于社会角色感知和基于个性特质感知显著负相关，pearson 相关系数 $=-0.77$，$p<0.001$。说明三个问项对企业家着装风格的检测结果是一致的。

综上以上数据分析情况，我们对活动类型和企业家着装类型的操控均达到了预期效果。

5.3.5　假设检验

5.3.5.1　企业家着装风格和活动类型交互作用对企业家形象的影响

通过单一因变量线性模型分析发现，企业家着装风格和活动类型交互作用对企业家的创新评价具有显著影响（$F(1, 101) = 24.64$，$P < 0.001$）（见图5－3）。具体来说：在正式活动中，和“与角色一致”着装风格相比，“与自我一致”着装风格能带来更高的创新评价（$M_{自我一致} = 5.73$，$M_{角色一致} = 4.32$，$F(1, 50) = 101.35$，$P < 0.001$）；在非正式活动中，同样是“与自我一致”着装风格的创新评价更高（$M_{自我一致} = 5.57$，$M_{角色一致} = 3.05$，$F(1, 51) = 209.6$，$P < 0.001$）。

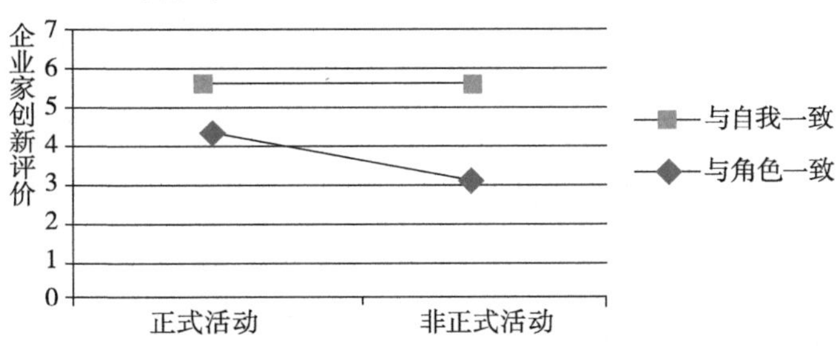

图5－3　着装风格和活动类型对企业家创新评价的影响

通过数据分析还发现，企业家着装风格和活动类型交互作用对企业家的可靠评价同样具有显著影响（$F(1, 101) = 42.49$，$P < 0.001$）（见图5－4）。具体来说：在正式活动中，和“与自我一致”着装风格相比，“与角色一致”着装风格能带来更高的可靠评价（$M_{自我一致} = 4.09$，$M_{角色一致} = 5.86$，$F(1, 50) = 84.2$，$P < 0.001$）；但在非正式活动中，“与自我一致”着装风格和“与角色一致”着装风格对企业家可靠评价的影响不存在显著差异（$M_{自我一致} = 5.23$，$M_{角色一致} = 5.36$，$F(1, 51) = 0.65$，$P > 0.4$）。

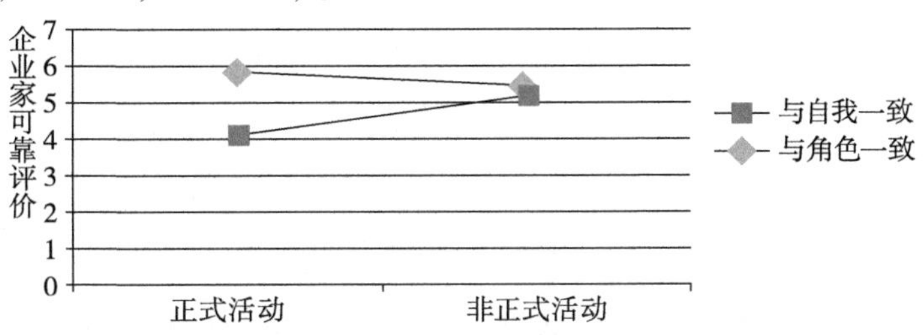

图5－4　着装风格和活动类型对企业家可靠评价的影响

综上所述，在正式活动中，和“与角色一致”着装风格相比，“与自我一致”着装风格能够给企业家带来更高的创新评价，但同时也会显著降低消费者对企业家的可靠评价；但是在非正式活动中，“与自我一致”的着装风格能够提升对企业家的创新评价，同时不损及对其的可靠评价。假设 H5 得到验证。

5.3.5.2 新奇性感知和可靠性感知的中介作用

同实验 1 一样，我们采用依次检验回归系数的方法对新奇性感知和可靠性感知的中介作用进行检测。在回归检测中，我们以被试对企业家着装正式程度的感知作为判断企业家着装风格的数据。结果见表 5－6。

表 5－6 实验 2 中对新奇性感知和合礼性感知中介作用的检验

	步骤	标准化回归方程	回归系数检验
新奇性感知的中介检验	第一步	企业家创新评价 = －0.685 × 着装类型	SE = 0.067 t = －9.537 p = 0.000
	第二步	新奇性感知 = －0.736 × 着装类型	SE = 0.079 t = －11.048 p = 0.000
	第三步	企业家创新评价 = 0.426 × 新奇性感知 －0.37 × 着装类型	SE = 0.077 t = 4.352 p = 0.000 SE = 0.091 t = －3.786 p = 0.000
合礼性感知的中介检验	第一步	企业家可靠评价 = 0.468 × 着装类型	SE = 0.059 t = 5.376 p = 0.000
	第二步	合礼性感知 = 0.602 × 着装类型	SE = 0.074 t = 7.65 p = 0.000
	第三步	企业家可靠评价 = 0.282 × 合礼性感知 + 0.298 × 着装类型	SE = 0.077 t = 2.665 p = 0.009 SE = 0.072 t = 2.851 p = 0.006

从表 5－6 可以看出，企业家前台化表演中的着装风格对其创新评价有显著的影响，和“与角色一致”的风格相比，与“自我一致”的着装风格能带来更高的创新评价。但是，当我们把着装风格和消费者的新奇性感知对企业家的创新评价同时做回归时，着装风格对企业家创新评价的主效应减弱了，说明消费者的新奇性感知起着部分中介作用；对合礼性感知的中介作用检验结果同样如此，即合礼性感知在企业家着装风格对其可靠评价的影响中发挥部分中介作用。

5.3.6　讨论

通过实验 2 我们发现，活动类型在着装风格对企业家形象的影响过程中起调节作用，消费者对企业家着装风格的新奇性感知和合礼性感知仍然发挥中介作用。具体来说，在正式活动中，企业家采用“与自我一致”（相比于“与角色一致”）的着装风格时，会让消费者产生更高的新奇性感知，因而对企业家有较高的创新评价；同时，也会降低消费者的合礼性感知，使其对企业家有较低的可靠评价。但是在非正式活动，相比于“与角色一致”，“与自我一致”只是让消费者产生更高的新奇性感知，进而对企业家有较高的创新评价；两种着装风格下消费者的合礼性感知没有显著差异，因而对企业家的可靠评价也差异不显著。

为什么在非正式活动中，消费者对企业家“与自我一致”的着装风格和“与角色一致”的着装风格的新奇性感知差异显著，但合礼性感知却无显著差异呢？我们认为，主要是由于两个类型的活动在组织性、严肃性、聚焦性以及身份地位相关性等方面存在着明显的不同。在正式活动中，具有较为严格的组织流程和相对集中的聚焦话题，活动的氛围更加严肃，企业家的表现与其社会角色紧密相关，因此消费者对企业家行为是否和角色期望一致具有较强的敏感性，并且将其作为对企业家评价的重要标准之一，企业家与角色期望不一致的行为很容易引起消费者的注意，并被感知为不合礼，进而影响其对企业家的评价。但是，在非正式活动中，一般组织流程比较松散，话题的聚焦性相对不强，活动氛围相对比较轻松、愉快，企业家的角色身份被淡化，其行为与角色期望相悖时不太容易引起消费者的注意，即使被发现也很容易得到谅解，造成不合礼感知的可能性较低，因而对企业家可靠评价的影响不显著。

5.4 实验3

5.4.1 实验设计

实验3的目的主要是检验行业类型的调节作用。我们通过一个2（与自我一致VS. 与角色一致）×2（新兴行业VS. 传统行业）的组间因子实验对假设H6进行检验。自变量企业家着装风格被操控为两个水平："与自我一致"和"与角色一致"；调节变量行业类型被操控为两个水平：新兴行业和传统行业；因变量企业家形象还是由"可靠评价"和"创新评价"构成。

来自广西大学的106名本科生自愿参加了本次实验，其中男生55人，女生51人，男女比例基本均衡；这些学生被随机分配到4个实验情境中。我们以"参加实验可以获得《国际市场营销》课程期末总成绩加5分"为刺激条件，激励被试认真完成问卷的填写。最后收回有效问卷102份（4份无效问卷均因为填写不完整），有效回收率97.2%。

5.4.2 实验素材的选定

我们选取新产品发布会作为企业家前台化表演的背景，其中新兴行业的产品发布会仍然以罗技公司为母版，传统行业的产品发布会以伊利公司的"每益添"发布会为母版，通过Photoshop软件进行处理，移除背景中的原由人物，将实验2中设计好的两位虚拟企业家人物分别PS进去，形成了四个不同刺激材料。

5.4.3 实验程序和变量测量

首先，我们将被试随机分成4组，分别给他们阅读4个不同的实验脚本，来操控企业家着装类型和行业类型。我们对新兴行业的情境描述和实验2相同，即"H集团公司是W市一家知名的信息技术企业。2013年2月1日，该公司举行了新产品发布会，宣布其最新一代的信息数据高速储存产品上市。H 集团公司的董事长兼总经理 A 先生出席新产品发布会，并亲自担当发布会主持人”；对传统行业的情境描述是：“H 集团公司是 W 市一家知名的食品生产企业，主要产品包括奶粉和牛奶饮品等。××××年×月×日，该公司举行了新产品发布会，宣布其最新研制的专门针对年轻女性的牛奶饮品上市。H 集团公司的董事长兼总经理 A 先生出席新产品发布会，并亲自担当发布会主持人”。对于着装风格操控的情境描述和前面两个实验相同。阅读完脚本之后，我们让被试填写和实验 1、实验 2 相同的着装类型操控检验量表。

接下来我们让被试完成有关新奇性感知、合礼性感知、创新评价和可靠评价的量表，所使用量表均和前面两个实验相同。

为排除因消费者能识别出刺激材料中人物的真实身份而带来的干扰，我们通过单问项“我之前见过材料中的这张图片，并且能识别图片中人物的真实身份”对刺激材料的虚拟性进行操纵检验。我们在问卷中描述了新兴行业和传统行业的区别，即“按照技术特征和创新活动所占比重可以将行业划分为新兴行业和传统行业。和传统行业相比，新兴行业对知识和技术创新的依赖程度更高”。然后使用单问项“根据上述定义，我觉得 H 集团公司属于：（1 为传统行业，9 为新兴行业）”来检测操控效果。

5.4.4　操控检验

在进行操控性检验之前，我们首先测量了新奇性感知、合礼性感知、可靠评价和创新评价等变量的信度，结果显示：新奇性感知的 Cronbach'α 为 0.852，合礼性感知的 Cronbach'α 为 0.866，可靠评价的 Cronbach'α 为 0.905，创新评价的 Cronbach'α 为 0.874。

我们检测了刺激材料的虚拟性程度，结果发现四组被试对情境中刺激材料真实身份的识别率均比较低，且无显著差异（$M_{total}=2.982$，$F(3, 98)=1.26$，$P>0.3$）。对于行业类型操控的检验发现，被试能够清晰地识别出我们设计的不同活动类型（$M_{新兴}=6.585$，$M_{传统}=$

4.723，$F(1, 100) = 123.11$，$P < 0.001$）。

对于着装类型操控的检验发现，被试能清晰识别出“与自我一致”情境下的服装类型为休闲装，“与角色一致”情境下的服装类型为正装（$M_{自我一致} = 3.72$，$M_{角色一致} = 6.73$，$F(1, 100) = 643.57$，$P < 0.001$）。另外，关于被试对企业家着装选择的感知，在“与自我一致”的情境下，被试感知企业家的着装选择主要是基于其个性特质（$M_{基于角色} = 3.83$，$M_{基于个性} = 6.12$，$F(1, 98) = 231.9$，$P < 0.001$）；在“与角色一致”的情境下，被试感知企业家的着装选择主要是基于其社会角色（$M_{基于角色} = 6.25$，$M_{基于个性} = 4.03$，$F(1, 102) = 451.8$，$P < 0.001$）（表5－7）。

表5－7　实验3中企业家着装类型的操控性检验

操控检验	$M_{服装正式程度感知}$	$M_{基于个性}$	$M_{基于角色}$
“与自我一致”着装风格	3.72	6.12	3.83
“与角色一致”着装风格	6.73	4.03	6.25

我们对被试的着装正式程度感知、基于社会角色感知和基于个性特质感知进行了相关性检验，结果发现：着装正式程度感知和基于社会角色感知显著正相关，pearson 相关系数 = 0.76，$p < 0.001$；着装正式程度感知和基于个性特质感知显著负相关，pearson 相关系数 = －0.78，$p < 0.001$；基于社会角色感知和基于个性特质感知显著负相关，pearson 相关系数 = －0.81，$p < 0.001$。说明3个问项对企业家着装风格的检测结果是一致的。

综上以上数据分析情况，我们对行业类型和企业家着装类型的操控均达到了预期效果。

5.4.5　假设检验

5.4.5.1　企业家着装风格和行业类型交互作用对企业家形象的影响

通过单一因变量线性模型分析发现，企业家着装风格和行业类型交互作用对企业家的创新评价具有显著影响（F（1，98）=38.52，P<0.001）（见图 5-5）。

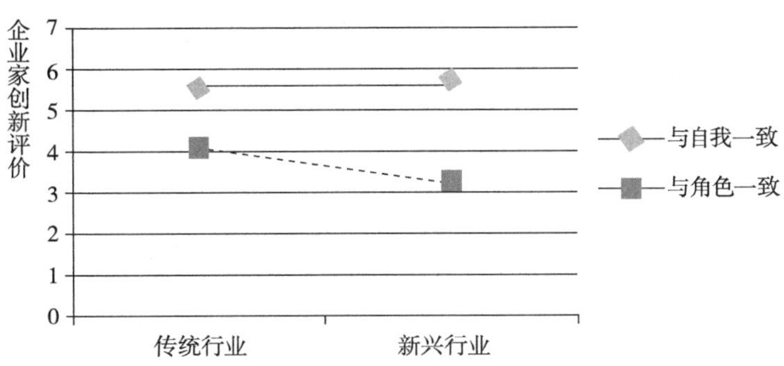

图 5-5　着装风格和行业类型对企业家创新评价的影响

具体来说，对传统行业的企业家来说，和“与角色一致”着装风格相比，“与自我一致”着装风格能带来更高的创新评价（$M_{自我一致}$ = 5.51$_{角色一致}$ =4.05，F（1，49）=97.36，P<0.001）；对新兴行业的企业家来说，同样是“与自我一致”着装风格带来的创新评价更高（$M_{自我一致}$ =5.76，$M_{角色一致}$ =3.24，F（1，49）=559.8，P<0.001）。

数据分析还发现，企业家着装风格和行业类型交互作用对企业家的可靠评价同样具有显著影响（F（1，98）=32.75，P<0.001）（见图 5-6）。具体来说：对传统行业的企业家来说，和“与自我一致”着装风格相比，“与角色一致”着装风格能带来更高的可靠评价（$M_{自我一致}$ = 3.92，$M_{角色一致}$ =5.75，F（1，49）=109.32，P<0.001）；但对新兴行业的企业家来说，两种着装风格下企业家可靠评价不存在显著差异（$M_{自我一致}$ =5.04，$M_{角色一致}$ =4.92，F（1，51）=0.76，P>0.33）。

综上，对传统行业的企业家来说，和“与角色一致”的着装风格相比，“与自我一致”的着装风格能够带来更高的创新评价，但同时也会显著降低消费者对企业家的可靠评价；但是对新兴行业的企业家来说，“与自我一致”的着装风格能够提升对企业家的创新评价，同时又不损及对其的可靠评价。假设 H6 得到验证。

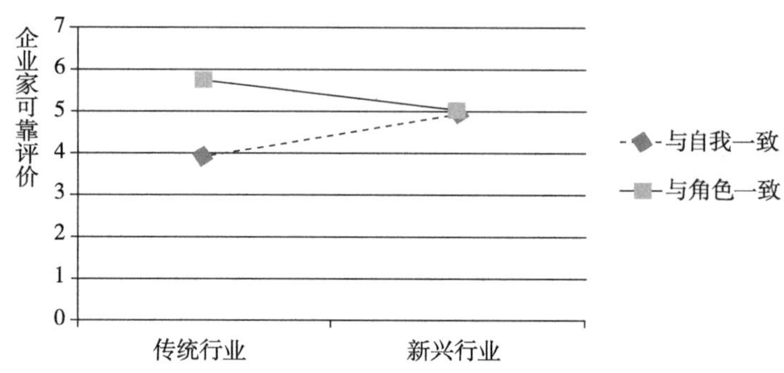

图5－6　着装风格和行业类型对企业家可靠评价的影响

5.4.5.2　新奇性感知和可靠性感知的中介作用

不同行业的企业家，其着装风格对形象的影响程度具有显著差异。但是，在着装风格对其形象的影响过程中，其影响作用是直接发生的，还是通过消费者的感知间接产生影响？回答这个问题仍需对消费者感知进行中介检验。同前面两个实验一样，我们采用依次检验回归系数的方法对新奇性感知和可靠性感知的中介作用进行检测。在回归检测中，我们仍然以被试对企业家着装正式程度的感知作为判断企业家着装风格的数据。结果见表5－8。

表5－8　实验3中对新奇性感知和合礼性感知中介作用的检验

	步骤	标准化回归方程	回归系数检验
新奇性感知的中介检验	第一步	企业家创新评价＝－0.713×着装类型	SE＝0.068　t＝－8.416　p＝0.000
	第二步	新奇性感知＝－0.622×着装类型	SE＝0.079　t＝－9.284　p＝0.000
	第三步	企业家创新评价＝0.543×新奇性感知－0.392×着装类型	SE＝0.075 t＝6.112　p＝0.000 SE＝0.083 t＝－5.786 p＝0.000
合礼性感知的中介检验	第一步	企业家可靠评价＝0.468×着装类型	SE＝0.064　t＝6.216　p＝0.000
	第二步	合礼性感知＝0.602×着装类型	SE＝0.075　t＝7.651　p＝0.000
	第三步	企业家可靠评价＝0.291×合礼性感知＋0.287×着装类型	SE＝0.078　t＝2.615　p＝0.009 SE＝0.082　t＝3.854　p＝0.006

从表 5 - 8 可以看出，企业家前台化表演中的着装风格对其创新评价有显著的影响，和“与角色一致”的风格相比，与“自我一致”的着装风格能带来更高的创新评价。但是，当我们把着装风格和消费者的新奇性感知对企业家的创新评价同时做回归时，着装风格对企业家创新评价的主效应减弱了，说明消费者的新奇性感知起着部分中介作用；对合礼性感知的中介作用检验结果同样如此，即合礼性感知在企业家着装风格对其可靠评价的影响中发挥部分中介作用。

5. 4. 6　讨论

通过实验 3 我们发现，行业类型在着装风格对企业家形象的影响过程中起调节作用，消费者对企业家着装风格的新奇性感知和合礼性感知仍然发挥中介作用。

具体来说，传统行业的企业家采用“与自我一致”（相比于“与角色一致”）的着装风格时，消费者会产生更高的新奇性感知，进而对其有较高的创新评价；但同时，“与自我一致”（相比于“与角色一致”）也会降低消费者的合礼性感知，使其对企业家有较低的可靠评价。但是，对创新行业的企业家来说，相比于“与角色一致”，“与自我一致”只是让消费者产生更高的新奇性感知，进而对其有较高的创新评价；两种着装风格下消费者的合礼性感知没有显著差异，因而对其的可靠评价也差异不显著。

究其原因，我们认为主要是因为新兴行业对知识和创新的依赖程度更高，其领导者在着装方面表现地更具个性化，喜欢在工作场合甚至其他重要的公开场合穿便装。所以，当新兴行业的企业家以休闲装进行前台化表演时，尽管消费者会觉得新奇，但不会认为是对他人的不尊重。这一发现说明，和新兴行业的企业家相比，传统行业的企业家在着装选择时应该更加慎重。

第6章　总体结论

6.1　研究总结

当前，越来越多的企业家开始意识到自身形象所蕴含的重要价值，纷纷从经营管理的“后台”走到社会互动的“前台”，投身形式各样的前台化表演当中。作为社会舞台中最具社会身份表达和个性特质表达的“道具”，服装对企业家的前台化表演具有重要意义。通过对企业家前台化表演、着装以及企业家形象等相关文献的回顾和梳理，结合营销实践当中的热点现象，我们明确了本研究要探索的主要问题——企业家前台化表演中的着装风格对其形象的影响。具体来说，主要包括以下几个方面的内容：如果企业家在着装选择时面临个性特质和角色期望的冲突，其着装风格应该基于自我个性还是角色期望；不同的着装风格（与自我一致 vs. 与角色一致）对企业家形象分别会产生怎么样的影响；其中的作用机制又是什么；有哪些因素能够起调节作用。

在社会互动理论，如拟剧论、符号互动论、角色理论以及印象管理理论等的支撑下，我们对以上问题有了深刻的分析和探讨，并提出了本研究的理论模型和假设。在此基础上，我们采用准实验的方法，通过3个准实验对我们提出的6个假设进行验证，最后得到以下几点结论：

首先，我们发现了企业家前台化表演中的着装风格对其形象有显著影响。通过对着装相关文献的回顾，我们发现，作为一项最常用、最外显且最易于操纵的社会互动性道具，着装对企业家的前台化表演具有非常重要的影响。着装既是个体进行个性特质表达的互动符号，也具有社会角色表达的功能。公众对其着装的角色期望是“深色西装是一个 CEO 最安全的穿着”，但近年来越来越多的个性独特的企业家向其发起挑战，“便装 CEO”逐渐成为一种时尚。为此，我们从社会互动视角对企业家着装风格进行了界定，提出了“与自我一致”和“与角色一致”的分类方法。通过一个准实验研究发现，和“与角色一致”的风格相比，“与自我一致”的着装风格能让消费者对企业家有较高的创新评价，但是也会导致较低的可靠评价。

其次，我们发现消费者对企业家前台化表演中的着装风格的心理感知具有重要的价值和意义，是决定消费者如何评价不同着装风格的企业家的关键因素。我们的实验研究发现，当企业家采用“与自我一致”的着装风格时，和“与角色一致”的风格相比，会让消费者产生更高的新奇性感知，并因此提高消费者对企业家的创新评价；但是，这种无视着装规范而注重张扬个性的着装风格，也会降低消费者的合礼性感知，使其对企业家有较低的可靠评价。

最后，我们发现了在企业家前台化表演中的着装风格对其形象的影响过程中，活动类型和行业类型起着调节作用。首先，企业家着装风格在不同的活动类型中对其形象所产生的影响是不对等的：在正式活动中，企业家采用“与自我一致”的着装风格时，和“与角色一致”的风格相比，消费者会对企业家有较高的创新评价，同时也有较低的可靠评价；但是在非正式活动，“与自我一致”的着装风格能给企业家带来高的创新评价，同时无损其可靠评价。其次，不同行业类型的企业家，其着装风格对形象的影响也是不对等的：传统行业的企业家采用“与自我一致”的着装风格时，和“与角色一致”的风格相比，消费者会对其有较高的创新评价，同时也有较低的可靠评价；但是对创新行业的企业家来说，“与自我一致”能带来更高的创新评价，同时无损其可靠评价。

6.2 理论贡献和管理启示

6.2.1 理论贡献

本研究的理论贡献主要体现在以下三个方面：

第一，从社会互动视角提出了企业家着装风格的分类方法——“与自我一致”和“与角色一致”，并实证研究了不同着装风格对企业家形象的影响。以往有关着装的文献基本都是从静态视角对着装风格进行分类，比如分为正式着装和非正式着装等，不能充分体现着装在社会互动中的功能。社会互动理论指出，尽管公众对企业家着装有着特定的角色期望，即深色商务套装，但着装在社会互动中既具有个性特质表达的功能，也具有社会角色表达的功能。基于此，我们将符合企业家角色期望的正装定义为“与角色一致”的风格，将与自我个性一致但与角色期望相悖的休闲装定义为“与自我一致”。我们通过准实验的方法研究了不同着装风格对企业家形象的影响，结果发现：和“与角色一致”的风格相比，“与自我一致”的着装风格能让消费者对企业家有较高的创新评价，但同时也会导致较低的可靠评价。

第二，探明了企业家前台化表演中的不同着装风格对其形象影响的内在机制。通过3个实验的研究设计和数据分析，我们发现并多次验证了消费者感知在企业家着装风格对其形象的影响过程中起着中介作用。具体说，企业家采用“与自我一致”（相比于“与角色一致”）的着装风格时，会让消费者产生更高的新奇性感知，因而对企业家有较高的创新评价；但是，企业家采用“与自我一致”（相比于“与角色一致”）的着装风格，也会降低消费者的合礼性感知，使其对企业家有较低的可靠评价。

第三，发现了在企业家前台化表演中的着装风格对其形象的影响过程中，活动类型和行业类型起着调节作用。通过两个实验的实证研究，我们发现：首先，在正式活动中，企业家采用“与自我一致”（相比于“与角色一致”）的着装风格时，消费者对企业家有较高的创新评价，同时也有较低的可靠评价；但是在非正式活动，“与自我一致”的着装风格能给企业家带来高的创新评价，同时无损其可靠评价。其次，行业类型也有相似的调节作用，传统行业的企业家采用“与自我一致”（相比于“与角色一致”）的着装风格时，消费者会对其有较高的创新评价，同时也有较低的可靠评价；但是对创新行业的企业家来说，“与自我一致”能带来更高的创新评价，同时无损其可靠评价。

6.2.2　管理启示

本研究问题的提出，主要是基于对营销实践中“便装 CEO”现象的深度分析和理论建构，因此其结论具有较强的应用价值和实践意义，具体如下：

第一，能够为企业家有效塑造个人的良好形象提供有价值的指导。企业家形象作为一项重要的无形资产，能够给企业带来巨大的帮助，比如获取更多的融资、有利的合作机会以及媒体的力捧等。一些具有极高知名度的企业家，其个人形象往往超越企业和品牌的形象，成为企业和品牌的象征。事实上，企业家形象并不是单一维度的，不是简单的“好”或“坏”的综合性判断，而是公众对其为人处事的多方评价。本研究发现了着装风格对企业家的创新评价和可靠评价具有不同程度的影响，能够为企业家塑造自己良好形象提供参考。

第二，能够为企业家在前台化表演时的着装选择提供参考。越来越多的企业家开始纷纷走到社会互动的前台，展现出前所未有的活力和“表演”欲，通过形式各样的活动进行自我展示，比如积极参与社会公益事业、代言公司产品、主持新产品发布会、出席综艺节目、做客座教授、出版著作以及参与网络互动等。这些前台化表演中，企业家个人的着装是一项最常用、最外显、最灵活的道具，且对企业家形象塑造有非常显著影响。本研究发现企业家的着装风格对其形象具有重要的影响，并且在不同的活动中或者对不同行业类型的企业家，其影响也有一定的差异。因此，企业家在进行前台化表演时，一定要充分重视着装的重要性，并在着装选择时多方衡量、慎重考虑。

第三，我们的研究说明企业家在前台化表演中要重视消费者的心理感知。消费者的心理感知在企业家前台化表演中的着装风格对其形象的影响中起着中介作用：当企业家采用“与自我一致”的着装风格时，和“与角色一致”的风格相比，会让消费者产生更高的新奇性感知，并因此提高消费者对企业家的创新评价；但是，这种无视着装规范而注重张扬个性的着装风格，也会降低消费者的合礼性感知，使其对企业家有较低的可靠评价。因此，企业家应当重视消费者的心理感知，并通过提醒、解释等方法影响消费者的心理感知，以达到自己预期的目的。

第四，我们的研究发现对企业家的其他前台化行为也有一定的参考价值。“便装 CEO”现象实质上代表着企业家在社会前台表演时的一种独特形式，即采用与角色期望不一致的方式对自我的个性特质进行展示，这和“裸捐”、攀爬珠峰、食堂扫剩饭等夸张表演在实质上是相同的。因此，本研究所得结论能够对企业家的前台化行为提供具有普遍价值的借鉴和指导。

6.3 研究局限和未来研究方向

6.3.1 研究局限

尽管我们进过了漫长和细致的文献搜索与整理，对研究问题也进行了多次的探讨、提炼和完善，并且在研究模型的框定过程中还得到了海外知名营销专家的多次指点，在实验的设置和实施过程中也尽可能做到全面考虑、严格落实，确保研究结果的科学性和严谨性，但由于能力和时间等方面的限制，本研究难免存在一些局限和不足之处，总结如下：

第一，本研究采用的是准实验的研究方法，为了检验模型中各个变量之间的关系，我们对其他干扰变量进行了严格的控制，比如企业家的长相、表情、姿态，服装的款式、颜色等。事实上，这些因素对企业家形象也可能存在重要影响，或者可能和着装风格存在交互作用。因此，在未来的研究中，我们将通过新的实验对其他变量也进行检验，以进一步完善我们的研究模型。

第二，在研究中，我们借鉴以往学者的方法，通过图片展示的形式对企业家的着装风格进行操控，但现实中企业家对着装的运用却要复杂得多。图片展示对学术研究有诸多的益处，比如容易操控、可以有效剔除替他相关变量的干扰等，使用图片展示代替现场试验，可以保证试验数据的纯净度和精确性。但是，这样做的后果必然会损及研究结论的外部效度。在今后的研究，可以尝试使用现场试验的方法，来进一步检验实践中企业家着装风格对其形象的影响。

第三，为了实现对研究问题的深度探索，我们在本研究主要聚焦于某一特定活动情境中着装风格对企业家形象的影响，而没有从较长时间维度上进行考虑。事实上，时间上的连续性是着装风格的一种表现，并且对形象塑造具有重要影响，比如企业家以往的着装风格会对当下的消费者感知产生影响，进而影响到其对企业家的评价。以后的研究，可以从这个角度出发，探索企业家着装的一贯性对其形象塑造的影响。

第四，在实验中我们对研究对象的选择过于单一，而样本的单一性必然会影响到研究结论的外部效度。尽管我们在预实验和三个实验中分别选择了来自湖北工业大学、郑州轻工业学院和广西大学的在校大学生，一定范围内提高了样本的代表性，但被试仍然存在年龄阶段集中、社会化程度较低等缺陷，从而降低了研究结论的外部效度。在今后的研究当中，我们将尽力克服这一问题，选择不同背景特征的消费者群体作为研究对象，提高研究结论的可推广性。

6.3.2　未来研究方向

随着本研究的进展，我们越发觉得企业家作为社会舞台上的卓越

"表演者"，其前台化行为对形象塑造具有重要的影响，而着装风格只是其前台化表演的冰山一角，本研究的发现也仅为管中窥豹。因此，为了能全面地解释企业家前台化表演对其形象的影响，更多的相关研究势在必行。我们认为今后的研究可以从以下几个方面开展：

第一，从较长的时间维度出发，探索企业家着装的一贯性（或多样性）对其形象塑造的影响，以及其内在的影响机制和可能的调节因素。我们在本研究中主要聚焦于在某一特定活动情境下着装风格对企业家形象的影响，属于时间切割面的相对静态的视角；从较长的时间维度来看，企业家以往的着装风格具有重要的影响。比如，我们在本研究中发现"与自我一致"的着装风格，由于和企业家着装的社会规范也即企业家着装的角色期望不一致，会让消费者产生较强的新奇感；但是，如果该企业家以往一直都是这么着装的，那么所带来的新奇性是否会显著降低呢？甚至，是否会让消费者产生熟悉感呢？消费者心理感知上的不同，又如何影响其对企业家的评价？这些问题，需要通过新的研究来深入探索，以期为企业家着装选择提供更全面的指导。

第二，进一步探索企业家前台化表演对其形象影响的内在机制。在本研究中，我们基于逻辑推理发现了消费者的新奇性感知和合礼性感知在着装风格对企业家形象的影响中起中介作用，但实际上，消费者对企业家前台化表演的感知不应该也绝非仅限于此两项，应该还会有更多的心理感知类型存在。在今后的研究中，需要通过实验的方法对消费者感知进行进一步的探索，发现并验证更多其他类型的消费者感知以及它们如何影响消费者对企业家的评价。

第三，探索其他类型的企业家前台行为对其形象的影响。本研究主要聚焦于企业家的着装问题，即企业家在前台表演中对个人道具的使用；但是，本质上讲，道具的使用也是企业家在社会前台表演的一种形式。比如，本研究所界定的"与自我一致"的着装风格，是采用与角色期望不一致的方式对自我个性特质的独特展示，这和"裸捐"、攀爬珠峰、食堂扫剩饭等夸张表演在实质上是相同的。在今后的研究中，可以对更多的前台化表演形式进行探索，以进一步发现与社会规范不一致的表演行为对企业家形象的影响。

综上所述，在企业家前台化表演对其形象的影响这一大主题下，本研究仅是一块小小的垫脚石，是登天长梯的一根横木。我们衷心希望本研究能够在该领域的研究中起到抛砖引玉的作用，激发更多有趣的、深入的探索，取得更为丰硕的研究成果，为企业家的前台化表演实践提供更为科学和详实的指导。

参考文献

[1]Aaker, Jennifer L. , Benet – Martinez, et al. ,Consumption Symbols as Carriers of Culture: A Study of Japanese and Spanish Brand Personality Constructs, Journal of Personality and Social Psychology, 2001, 81(3): 492 – 508.

[2]Aaker, Jennifer, Dimensions of Brand Personality, Journal of Marketing Research, 1997, 34 (August), 347 – 357.

[3]Aaker, Jennifer L. The malleable self: The role of self – expression in persuasion. Journal of Marketing Research (1999): 45 – 57.

[4]Agle B R, Nagarajan N J, Sonnenfeld J A, et al. Does CEO charisma matter? An empirical analysis of the relationships among organizational performance, environmental uncertainty, and top management team perceptions of CEO charisma[J]. Academy of Management Journal, 2006, 49(1).

[5]Albright L, Kenny D A, Malloy T E. Consensus in personality judgments at zero acquaintance [J]. Journal of personality and social psychology, 1988, 55(3).

[6]Alimo – Metcalfe B, Alban – Metcalfe J, Bradley M, et al. The impact of engaging leadership on performance, attitudes to work and wellbeing at work: A longitudinal study [J]. Journal of health organization and management, 2008, 22(6).

[7]Arkin R M. Self – presentation styles [J]. Impression management theory and social psychological research, 1981.

[8]Ashforth B E, Gibbs B W. The double – edge of organizational legitima-

tion[J]. Organization science, 1990, 1(2): 177 - 194.

[9]Baker, Michael J. and Gilbert A. Churchill, The Impact of Physically Attractive Models on Advertising Evaluations, Journal of Marketing Research, 1977, 14 (11), pp. 538 - 55.

[10] Barrick M R, Mount M K. Effects of impression management and self - deception on the predictive validity of personality constructs [J]. Journal of applied psychology, 1996, 81(3): 261 - 272.

[11]Baron R M, Kenny D A. The moderator - mediator variable distinction in social psychological research: Conceptual, strategic, and statistical considerations [J]. Journal of personality and social psychology, 1986, 51 (6): 1173 - 1182.

[12]Bass, B. M. , Bass & Stogdill's Handbook of Leadership: Theory, Research, and Managerial Applications (3ed.). 1990, New York: The Free Press.

[13]Baumeister R F. A self - presentational view of social phenomena[J]. Psychological bulletin, 1982, 91(1): 3.

[14]Baumeister R F, Jones E E. When self - presentation is constrained by the target's knowledge: Consistency and compensation[J]. Journal of Personality and Social Psychology, 1978, 36(6): 608.

[15]Batjargal B N, Liu M. , Entrepreneurs' access to private equity in china: The role of social capital, Organization Science, 2004, 15 (2) .

[16]Belk R W. Identity and the relevance of market, personal and community objects [J]. Marketing and semiotics: New directions in the study of signs for sale, 1987.

[17]Best, Joel and David F. Luckenbill. (1982), Organizing Deviance. Englewood Cliffs, New Jersey: Prentice - Hall.

[18]Berens G, van Riel C. Corporate associations in the academic literature: three main streams of thought in the reputation measurement literature [J].

Corporate Reputation Review, 2004, 7(2): 161 – 178.

[19] Berinsky A J. Can we talk? Self - presentation and the survey response [J]. Political Psychology, 2004, 25(4): 643 – 659.

[20] Berry, A. Parasuraman, Services Marketing Starts from Within, Marketing Management, 1992, 1 (1).

[21] Berry, Diane S. and Leslie Z. McArthur, Some Components and Consequences of a Babyface, Journal of Personality and Social Psychology, 1985, 48 (2).

[22] Berry, James S. Hensel, and Marian C. Burke, Improving Retailer Capability for Effective Consumerism Response, Journal of Retailing, 1976, 52 (3).

[23] Berry, L. L., The employee as customer, Journal of Retail Banking, 1981, March, Vol. 3.

[24] Bitner, M J. Booms, B. H. & Mohr, L. A. Critical Service Encounters: The Employer's Viewpoint [J]. Journal of Marketing, 1994, 58(4).

[25] Bitner M J, Faranda W T, Hubbert A R, et al. Customer contributions and roles in service delivery [J]. International Journal of Service Industry Management, 1997, 8(3).

[26] Blumer, Herbert. Social disorganization and individual disorganization. American Journal of Sociology, 1937.

[27] Booms B H, Bitner M J. Marketing strategies and organization structures for service firms [J]. Marketing of services, 1981: 47 – 51.

[28] Borkenau P, Liebler A. Convergence of stranger ratings of personality and intelligence with self – ratings, partner ratings, and measured intelligence [J]. Journal of Personality and Social Psychology, 1993, 65.

[29] Brase, G. L., & Richmond, J. The white – coat effect: Physician attire and perceived authority, friendliness, and attractiveness. Journal of Applied Social Psychology, 2004, 34(12).

[30] Bryman A. Charismatic leadership in business organizations: Some neglected issues[J]. The Leadership Quarterly, 1993, 4(3).

[31] Buck S, Tiene D. The impact of physical attractiveness, gender, and teaching philosophy on teacher evaluations [J]. The Journal of Educational Research, 1989: 172 –177.

[32] Buckley H M, Roach M E. Clothing as a Nonverbal Communicator of Social and Political Attitudes [J]. Home Economics Research Journal, 1974, 3 (2).

[33] Buckley H M, Roach M E. Attraction as a function of attitudes and dress [J]. Home Economics Research Journal, 1981, 10(1).

[34] Bull, R. (1975). Psychology, clothing and fashion: A review. Bulletin of the British Psychological Society, 28, 459 –465.

[35] Burke K. Language as symbolic action: Essays on life, literature, and method [M]. University of California Press, 1968.

[36] Burke L A, James K E. PowerPoint – based lectures in business education: An empirical investigation of student – perceived novelty and effectiveness [J]. Business Communication Quarterly, 2008, 71(3): 277 –296.

[37] Butler S, Roesel K. The influence of dress on students' perceptions of teacher characteristics [J]. Clothing and Textiles Research Journal, 1989, 7 (3).

[38] Caballero, M. J. and Pride, W. M., Selected effects of salesperson sex and attractiveness in direct mail advertisements, Journal of Marketing, 1984, 48(1), pp. 94 - 100.

[39] Carr, D., Davies, T., Lavin, A., The effect of business faculty attire on student perceptions of the quality of instruction and quality. College Student Journal, 2009. 43(1).

[40] Carver C S. How should multifaceted personality constructs be tested? Issues illustrated by self – monitoring, attributional style, and hardiness [J].

Journal of Personality and social Psychology, 1989, 56(4): 577 -585.

[41]Casson M. The entrepreneur: An economic theory[M]. Rowman & Littlefield Pub Incorporated, 1982.

[42]Cattell R B. Abilities: Their structure, growth, and action[M]. Boston: Houghton Mifflin, 1971.

[43]Caves R E, Porter M E. From Entry Barriers to Mobility Barriers: Conjectural Decisions and Contrived Deterrence to New Competition [J]. The Quarterly Journal of Economics, 1977: 241 -261.

[44]Charles Horton Cooley, Human Nature and the Social Order, New York: Scribner's, 1902.

[45]Chen X P, Farh J L. The effectiveness of transactional and transformational leader behaviors in Chinese organizations: Evidence from Taiwan[C]//annual meeting of the Academy of Management, Chicago. 1999.

[46]Conger, Jay A., Charismatic and Transformational Leadership in Organizations: An Insider's Perspective on These Developing Streams of Research, Leadership Quarterly, 1999, 10(2).

[47]Conroy D E, Motl R W, Hall E G. Progress toward construct validation of the Self - Presentation in exercise Questionnaire (SPEQ) [J]. Journal of Sport & Exercise Psychology, 2000, 22(1): 21 -38.

[48]Cook K W, Vance C A, Spector P E. The Relation of Candidate Personality With Selection - Interview Outcomes [J]. Journal of Applied Social Psychology, 2000, 30(4): 867 -885.

[49]Cooley C H. The looking glass self [J]. O'Brien, 1902: 126 -128.

[50]Cornwell T B. Sponsorship - linked marketing development[J]. Sport Marketing Quarterly, 1995, 4.

[51]Cornwell T B, Roy D P, Edward A, et al. Exploring managers' perceptions of the impact of sponsorship on brand equity[J]. Journal of Advertising, 2001: 41 -51.

[52] Costa, P. T., Jr., & McCrae, R. R., Personality in adulthood: A six - year longitudinal study of self - reports and spouse ratings on the NEO Personality Inventory, Journal of Personality and Social Psychology, 1988, 54, pp. 853 - 863.

[53] Cowley, W. H., Three distinctions in the study of leaders, Journal of Abnormal and Social Psychology, 1931, 26, pp. 304 - 313.

[54] Cox D S, Locander W B. Product novelty: does it moderate the relationship between ad attitudes and brand attitudes? [J]. Journal of Advertising, 1987: 39 - 44.

[55] Csikszentmihalyi M. Leisure and socialization [J]. Social Forces, 1981: 332 - 340.

[56] Cramer S, Ruefli T. Corporate reputation dynamics: Reputation inertia, reputation risk, and reputation prospect[C]//National Academy of Management Meetings, Dallas. 1994.

[57] Daft, R. L., Leadership: Theory and practice. Orlando, 1999, FL: Dryden Press.

[58] Daft, R. L. and Noe, R. A., Organisational Behavior, 2001, Harcourt College, Orlando, FL.

[59] Damhorst M I, Reed J A P. Effect of Clothing Color on Assessment of Characteristics of Job Applicants[C]. 71st annual meeting of the American Home Economics Association. 1980.

[60] Davis, L. L. (1984). Clothing and human behavior: A review. Home Economics Research Journal, 12.

[61] Denison D R, Hooijberg R, Quinn R E. Paradox and performance: Toward a theory of behavioral complexity in managerial leadership[J]. Organization Science, 1995, 6(5).

[62] Dewey J. Human nature and conduct: An introduction to social psychology [M]. Carlton house, 1922.

[63] Dictionary O. Oxford Advanced Learner's Dictionary[J],2000.

[64] DiMaggio P J, Powell W W. The iron cage revisited: Institutional isomorphism and collective rationality in organizational fields [J]. American sociological review, 1983: 147 – 160.

[65] Digman, J. M. ,Five robust trait dimensions: Development, stability, and utility, Journal of Personality, 1989, 57, pp. 195 – 214.

[66] Dong – Jin, P. & Bruce, K. B. ,The Presentation of CEOs in the Press, 1990 – 2000: Increasing Salience, Positive Valence, and a Focus on Competency and Personal Dimensions of Image, Journal of Public Relations Research, 2004, Vol. 16, No. 1, pp. 93 ~ 125.

[67] Dreyfus, H. , Dreyfus, S. & Athanasion, T. , Mind over Machine: The Power of Human Intuition and Expertise in the Era of the Computer, 1986, New York: Free Press.

[68] Durgee, Jeffrey F. and Robert W. Stuart, Advertising Symbols and Brand Names that Best Represent Key Product Meanings, Journal of Consumer Marketing, 1987, 4 (3).

[69] Dutton J E, Dukerich J M, Harquail C V. Organizational images and member identification[J]. Administrative science quarterly, 1994: 239 – 263.

[70] Dwyer, F. R. , Schurr, P. H. , & Oh, S. ,Developing buyer – seller relationships, Journal of Marketing, 1987, 51(2).

[71] Eagly, A. H. , Ashmore, R. D. , Makhijani, M. G. & Longo, L. C. , What is beautiful is good, but... : a meta – analytic review of research on the physical attractiveness stereotype, Psychological Bulletin, 1991, 110, pp. 109 – 128.

[72] Edwards S. From the Guest Editor: Special issue on electronic word – of – mouth and its relationship with advertising, marketing and communication [J]. Journal of Interactive Advertising, 2006, 6(2).

[73] Edward A. You Can be a Successful Business Person!: Micro, Small

& Medium Enterprises (MSMEs) Fundamentals. AuthorHouse, 2010.

[74]E. J. Kahn, Closed and Open, New York,20. 2. 1954.

[75]Eichhol, Z. M. , Judging by media coverage? CEO images in the press and the Fortune America's Most Admired Companies survey, Annual conference of the International Communication Association, 1999, San Francisco, CA.

[76]Epstein, Seymour (1977), Traits Are Alive and Well, in Personality at the Crossroads, D. Magnusson and N. S. Endler, eds. Hillsdale, NJ: Lawrence Erlbaum Associates, 83 –98.

[77]Feinberg R A, Mataro L, Burroughs W J. Clothing and social identity [J]. Clothing and Textiles Research Journal, 1992, 11(1).

[78]Festini F, Occhipinti V, Cocco M, et al. Use of non - conventional nurses' attire in a paediatric hospital: a quasi - experimental study [J]. Journal of Clinical nursing, 2009, 18(7): 1018 –1026.

[79]Foster, L. G. The CEO Connection: Pivotal For The 90s, Public Relations Journal, 1990, 46(1).

[80]Freiden, J. B. ,Advertising Spokesperson Effects: An Examination of Endorser Type and Gender on Two Audiences. Journal of Advertising Research, 1984, 24(5).

[81]Friedman, H. H. , S. Termini and R. Washington. The Effectiveness of Advertisements Utilizing Four Types of Endorsers, Journal of Advertising, 1976, (5).

[82]Friedmann, R. , and Lessig, V. P. Psychological Meaning Of Products And Product Positioning. Journal of Product Innovation Management, 1987, 4.

[83]Freitas A, Kaiser S, Joan Chandler D, et al. Appearance Management as Border Construction: Least Favorite Clothing, Group Distancing, and Identity Not[J]. Sociological Inquiry, 1997, 67(3).

[84]Fogarty, et al. Antecedents and Consequences of Burnout in Accounting: Beyond the Role stress Model [J]. Behavioral Research in Accounting,

2000,12.

[85]Fombrun, C. , & Shanley, M. , What's in a name? Reputation building and corporate strategy. Academy of Management Journal, 1990, 33(2), 233 –258.

[86]Fortenberry, J. H. , MacLean, J. , Morris, P. , & O "Connell, M. Mode of dress as a perceptual cue to deference. The Journal of Social Psychology, 1978. 104.

[87]Foster, L. G. The CEO Connection: Pivotal For The 90s, Public Relations Journal, 1990, 46(1), pp. 24 –25.

[88]Freeman R E. Strategic management: A stakeholder approach [M]. Boston: Pitman, 1984.

[89]Furby L. Possession in humans: An exploratory study of its meaning and motivation[J]. Social Behavior and Personality: an international journal, 1978, 6(1).

[90] Gamson, J. , Claims to fame: Celebrity in contemporary America. Berkeley, 1994, CA: University of California Press.

[91]Ganesh, S. R. Collaborative institution building: a critique of three experiences in higher education, Vikalpa , 1979,4 (2).

[92]Gary, J. G. JR. , Managing the corporate image, 1986, Westport, CT: Quorum.

[93]Gary. Yukl, Leadership in organizations. (3rd edition ed.), Prentice Hall, Englewood Cliffs, NJ , 1994.

[94] George Christodoulides, Leslie de Chernatony, Consumer – based brand equity conceptualisation and measurement A literature review, International Journal of Market Research, 2010, Vol. 52 Issue 1.

[95] Glaser, B. Theoretical sensitivity. Sociology Press, Mill Valley, CA, 1978.

[96]Glaser, B. , Strauss, A. The discovery of grounded theory. Aldine

Publishing Company, Hawthorne, NY, 1967.

[97] Gillin P. Podcasting, blogs cause major boost [J]. B to B, 2007, 92(5): 32 – 33.

[98] Gitlin T., The whole world is watching, Berkeley, CA: University of California Press, 1980.

[99] George Herbert Mead, Mind, Self and Society: From the Standpoint of a Social Behaviorist. Chicago: University of Chicago Press, 1934.

[100] Gillin P. The new influencers: A marketer's guide to the new social media. California: Quill Driver Books/Word Dancer Press, 2007.

[101] Gillin P. New media, new influencers and implications for the public relations profession[J]. Journal of New Communications Research, 2008, 2(2): 1 – 10.

[102] Goffman, Erving, Frame Analysis. New York: Harper and Row, 1974.

[103] Goffman E, The Presentation of Self in Everyday Life, Garden City, New York: Doubleday Anchor Books, 1959.

[104] Goldberg, L. R., An alternative description of personality: The Big – Five factor structure, Journal of Personality and Social Psychology, 1990, 59, pp: 1216 – 1229.

[105] Goodwin H. In pursuit of ecotourism[J]. Biodiversity & Conservation, 1996, 5(3).

[106] Granovetter M. Economic action and social structure: the problem of embeddedness [J]. American journal of sociology, 1985: 481 – 510.

[107] Gorn, G. J., J. Yuwei, et al. Babyfaces, Trait Inferences, and Company Evaluations in a Public Relations Crisis. Journal of Consumer Research, 2008, 35(1): 36 – 49.

[108] Gotlieb J, Levy M, Grewal D, et al. An Examination of Moderators of the Effects of Customers' Evaluation of Employee Courtesy on Attitude Toward

the Service Firml [J]. Journal of Applied Social Psychology, 2004, 34(4): 825 -847.

[109]Gotsi M, Wilson A M. Corporate reputation: seeking a definition [J]. Corporate Communications: An International Journal, 2001, 6(1): 24 -30.

[110]Gray E R, Balmer J M T. Managing corporate image and corporate reputation[J]. Long Range Planning, 1998, 31(5): 695 -702.

[111]Green, R. J. , Sandall, J. C, Phelps, C. Effect of experimenter attire and sex on participant productivity. Social Behavior and Personality, 2005, 33(2).

[112]Greenstein T N, Knottnerus J D. The effects of differential evaluations on status generalization[J]. Social Psychology Quarterly, 1980.

[113]Grove S J, Fisk R P, Bitner M J. Dramatizing the service experience: a managerial approach[J]. Advances in services marketing and management, 1992, 1(1).

[114]Grove S J, Pickett G M, Laband D N. An empirical examination of factual information content among service advertisements[J]. Service Industries Journal, 1995, 15(2).

[115]Grove S J, Fisk R P, Dorsch M J. Assessing the theatrical components of the service encounter: a cluster analysis examination[J]. Service Industries Journal, 1998, 18(3).

[116]Gummesson, Evert, Using Internal Marketing to Developa New Culture: The Case of Ericsson Quality, Journal of Business and Industrial Marketing, 1987, 2 (3).

[117] Hambrick D C, Finkelstein S, Mooney A C. Executive Job Demands: New Insights for Explaining Strategic Decisions and Leader Behaviors [J]. Academy of management review, 2005, 30(3): 472 -491.

[118]Han Y J, Park Y. Patent network analysis of inter – industrial knowledge flows: The case of Korea between traditional and emerging industries [J].

World Patent Information, 2006, 28(3): 235 -247.

[119]Hart S L, Quinn R E. Roles executives play: CEOs, behavioral complexity, and firm performance[J]. Human Relations, 1993, 46(5).

[120]Harter, J. K., Schmidt, F. L. & Hayes, T. L., "Business - unit Level Relationship between Employee Satisfaction, Employee Engagement and Business Outcomes: A Meta - analysis", Journal of Applied Psychology, 2002, 87.

[121] Harvard University. Research Center in Entrepreneurial History, Schumpeter J A. Change and the Entrepreneur: Postulates and Patterns for Entrepreneurial History[M]. Harvard University Press, 1949.

[122]Hawkes, R., Norms, deviance, and social control: A mathematical elaboration of concepts, American Journal of Sociology, 1975, 80.

[123] Hébert R F, Link A N. The entrepreneur: Mainstream views and radical critiques[J]. 1988.

[124]Heckert, A., & Heckert, D., A new typology of deviance: Integrating normative and reactivist definitions of deviance, Deviant Behavior: An Interdisciplinary Journal, 2002, 23.

[125] Hennig - Thurau, Thorsten, Markus Groth, Michael Paul, and Dwayne D. Gremler. Are All Smiles Created Equal? How Emotional Contagion and Emotional Labor Affect Service Relationships, Journal of Marketing, 2006, 70 (7).

[126]Herriot P, Anderson N. Selecting for change: How will personnel and selection psychology survive [J]. International handbook of selection and assessment, 1997: 1 -34.

[127] Hoeken H. Het ontwerp van overtuigende teksten. Wat onderzoek leert over de opzet van effectieve reclame en voorlichting [J],1998.

[128]Holmström B. Managerial incentive problems: A dynamic perspective [J]. The Review of Economic Studies, 1999, 66(1): 169 -182.

[129] Hooijberg R, Quinn R E. Behavioral complexity and the development of effective managers[J],1992.

[130] House, R. J., & Aditya, R. N. The social scientific study of leadership: Quo vadis? Journal of Management, 1997, 23, pp. 409 – 473.

[131] House R J, Spangler W D, Woycke J. Personality and charisma in the US presidency: A psychological theory of leader effectiveness[J]. Administrative science quarterly, 1991: 364 – 396.

[132] Howell J M, Avolio B J. Transformational leadership, transactional leadership, locus of control, and support for innovation: Key predictors of consolidated – business – unit performance[J]. Journal of applied psychology, 1993, 78(6).

[133] Ikusaka M, Kamegai M, Sunaga T, et al. Patients' attitude toward consultations by a physician without a white coat in Japan[J]. Internal medicine, 1999, 38(7).

[134] Irvine J T. Formality and informality in communicative events [J]. American Anthropologist, 1979, 81(4).

[135] James W. 1950 [J]. The principles of psychology, 1890, 1.

[136] James, T. H., Media Coverage of CEOs: Who? What? Where? When? Why? Conference on the Media and Economic Performance,2004.

[137] John Dewey, Human Nature and Human Conduct, New York: Henry Holt, 1922.

[138] Johnson, ,K. K, Yoo , J. & Kim, M. Et al. Dress and Human Behavior Ik Review and Critique . Clothing and Textiles Research Journal, 2008,26(1).

[139] Johnson, K. K. P., Schofield, N. A., & Yurchisin, J. Appearance and dress as a source of information: A qualitative approach to data collection. Clothing and Textiles Research Journal, 2002,20(3).

[140] Jonathan H. Turner, "A Note on G. H. Mead's Social Behavioristic

Theory of Social Structure", Journal for the Theory of Social Behavior, 1982 (12).

[141] Jonathan H. Turner. Role. Blackwell Encyclopedia of 20th Century. Oxford: Blackwell, 1996.

[142] Jones . M L. Role Conflict: Cause of Burnout or Energizer? [J] Social Work, 1993, 38(2).

[143] Jones E E, Pittman T S. Toward a general theory of strategic self – presentation [J]. Psychological perspectives on the self, 1982, 1: 231 – 262.

[144] Kaiser S B. Toward a contextual social psychology of clothing: A synthesis of symbolic interactionism and cognitive theoretical perspectives [J]. Clothing and Textiles Research Journal, 1983, 2(1).

[145] Kaiser S B. The social psychology of clothing and personal adornment [M]. NY: Macmillan, 1985.

[146] Kaiser S B. Linking the social psychology of dress to culture: a contextual perspective[J]. Social science aspects of dress: New directions, 1993: 39 – 47.

[147] Katz, Daniel, and L. Robert. Kahn. (1978). The social psychology of organizations. New York: Wiley.

[148] Keeble D E. High – technology industry and regional development in Britain: the case of the Cambridge phenomenon[J]. Environment and Planning C: Government and Policy, 1989, 7(2).

[149] Keller, K. L. , "Brand Synthesis: The Multidimensionality of Brand Knowledge." Journal of Consumer Research, 2003, 29(4): 595 – 600.

[150] Keller, K. L. ,Brand mantras: rationale, criteria and examples, Journal of Marketing Management, 1999, Vol. 15 Nos 1 – 3, pp. 43 – 51.

[151] King A R, Pate A N. Individual differences in judgmental tendencies derived from first impressions[J]. Personality and individual differences, 2002, 33(1): 131 – 145.

[152] King N, Anderson N. Innovation and change in organizations[M].

Routledge, 1995.

[153]Kirzner, I. M. , Competition and Entrepreneurship, 1937, Chicago, IL: University of Chicago Press.

[154] Knight F H. Risk, uncertainty and profit[J]. New York: Hart, Schaffner and Marx, 1921.

[155]Kolditz T A, Arkin R M. An impression management interpretation of the self – handicapping strategy [J]. Journal of Personality and Social Psychology, 1982, 43(3): 492.

[156]Koys,D, J. ,The Effects of Employee Satisfaction, Organizational Citizenship Behavior and Turnover on Organizational Effectiveness: A unit – level, Longitudinal Study, Personnel Psychology, 2001,54: pp. 101 ~114.

[157]Kumar K, Beyerlein M. Construction and validation of an instrument for measuring ingratiatory behaviors in organization settings. Journal of Applied Psychology, 1991, 76: 619 ~627.

[158]Kuhn, Manford H. , and Thomas S. McPartland. An empirical investigation of self – attitudes. American Sociological Review (1954): 68 –76.

[159]Kwon, Y, & Johnson – Hillery, J. College students perceptions of occupational attributes based on formality of business attire. Perceptual and Motor Skills, 1998. 87, 987 –994.

[160] Lafuente, Alberto, and Vicente Salas. Types of entrepreneurs and firms: The case of new Spanish firms. Strategic Management Journal 10. 1 (1989): 17 –30.

[161]Leary M R, Kowalski R M. Impression management: A literature review and two – component model[J]. Psychological bulletin, 1990, 107(1): 34.

[162]Lightstone K, Francis R, Kocum L. University faculty style of dress and students' perception of instructor credibility[J]. International Journal of Business and Social Science, 2011, 2(15): 15 –22.

[163]Lindesmith, Alfred Ray, and Anselm L. Strauss. Readings in social

psychology. Holt, Rinehart and Winston, 1969.

[164] Linton, Ralph. The study of man: an introduction, 1936.

[165] Lippmann S, Davis A, Aldrich H E. Entrepreneurship and inequality [J]. Research in the Sociology of Work, 2005, 15: 3 – 31.

[166] Llewellyn D J, Wilson K M. The controversial role of personality traits in entrepreneurial psychology [J]. Education + Training, 2003, 45 (6).

[167] Lovelock C H. Classifying services to gain strategic marketing insights [J]. The Journal of Marketing, 1983: 9 – 20.

[168] Loving T J, Agnew C R. Socially desirable responding in close relationships: A dual – component approach and measure [J]. Journal of Social and Personal Relationships, 2001, 18 (4): 551 – 573.

[169] Lucas R, Deery M. Significant developments and emerging issues in human resource management [J]. International Journal of Hospitality Management, 2004, 23 (5).

[170] Luckenbill D F. Compliance under threat of severe punishment [J]. Social Forces, 1982, 60 (3): 811 – 825.

[171] Lukavsky J, Butler S, Harden A J. Perceptions of an Instructor: Dress and Students' Characteristics [J]. Perceptual and Motor Skills, 1995, 81 (1): 231 – 240.

[172] Marshall S K, Tilton – Weaver L C, Bosdet L. Information management: Considering adolescents' regulation of parental knowledge [J]. Journal of Adolescence, 2005, 28 (5): 633 – 647.

[173] Mead G H. Mind [J]. Self and Society, Chicago, 1934.

[174] Merton R K. The role – set: Problems in sociological theory [J]. British Journal of Sociology, 1957: 106 – 120.

[175] McCrae, R. R., & Costa, P. T., Jr. Personality trait structure as a human universal, American Psychologist, 1997, 52, pp. 509 – 516.

[176] McGrath, J. The CEO as image maker, Chemtech, 1995, Vol. 25,

No. 7, pp. 48 –52.

[177] McDougall, P. P., Oviatt, B. M. New venture internationalization, strategic change, and performance: a follow –up study, Journal of Business Venturing, 1996, 11(1), pp. 23 –40.

[178] Meyer D. Children's responses to nursing attire [J]. Pediatric nursing, 1992, 18(2): 157.

[179] Michael D. Johnson, Eugene W. Anderson and Claes Fornell, Rational and adaptive performance expectations in a customer satisfaction framework. The Journal of Consumer Research, 1995, Vol. 21, No. 4, pp. 659.

[180] Michael S. W. Lee, Judith Motion, and Denise Conroy, Anti –consumption and brand avoidance, Journal of Business Research, 2009, 62(2), pp. 169 –180.

[181] Miller T, Mann N, Grim R D. Clothes encounter: patient perception of nursing attire in a behavioral health unit [J]. Journal of the American Psychiatric Nurses Association, 2010, 16(3): 178 –183.

[182] Mischel, Walter. Personality and Assessment. New York: John Wiley & Sons, 1968.

[183] Mistry D, Tahmassebi J F. Children's and parents' attitudes towards dentists' attire [J]. European Archives of Paediatric Dentistry, 2009, 10(4): 237 –240.

[184] Morhart, F. M., W. Herzog, et al., Brand –Specific Leadership: Turning Employees into Brand Champions, Journal of Marketing, 2009, 73(5), pp. 122 –142.

[185] Molloy J T. John T. Molloy's New Dress for Success [J]. 1988.

[186] Moreno, Jacob Levy. Who shall survive? . Vol. 58. Washington, DC: Nervous and Mental Disease Publishing Company, 1934.

[187] Morgan M. Dressing up to survive: marketing Majorca anew [J]. Tourism Management, 1991, 12(1): 15 –20.

[188]Mumford M D, Gustafson S B. Creativity syndrome: Integration, application, and innovation [J]. Psychological bulletin, 1988, 103(1): 27.

[189]Naumann L P, Vazire S, Rentfrow P J, et al. Personality judgments based on physical appearance[J]. Personality and Social Psychology Bulletin, 2009, 35(12): 1661 -1671.

[190]Nezlek J B, Leary M R. Individual differences in self - presentational motives in daily social interaction [J]. Personality and Social Psychology Bulletin, 2002, 28(2): 211 -223.

[191]Norman, W. T. ,Toward an adequate taxonomy of personality attributes: Replicated factor structure in peer nomination personality ratings, Journal of Abnormal Psychology, 1963, 66, pp. 574 -583.

[192]Northouse, P. G. , Leadership:Theory and practice. Thousand Oaks, CA: Sage,1997.

[193]O'Neal G S, Lapitsky M. Effects of clothing as nonverbal communication on credibility of the message source[J]. Clothing and Textiles Research Journal, 1991, 9(3): 28 -34.

[194]Palmgreen P, Stephenson M T, Everett M W, et al. Perceived message sensation value (PMSV) and the dimensions and validation of a PMSV scale [J]. Health Communication, 2002, 14(4): 403 -428.

[195]Patton, Ethnicity and gender: An examination of its impact on instructor credibility in the university classroom. Howard Journal of Communications,1999. 10(2),123 -144.

[196]Parasuraman A, Zeithaml V A, Berry L L. Servqual[J]. Journal of retailing, 1988, 64(1): 12 -37.

[197]Park, Robert E. Behind our masks. Survey Graphic 56 (1926).

[198]Park Seung Ho, Luo Yadong, Guanxi and organizational dynamics: organizational networking in Chinese firms, Strategic Management Journal, 2001, 22 (5) :455 -477 .

[199] Park, C W, Jaworski, B J, and D J MacInnis, Strategic brand concept image management, Journal of Marketing, 1986, 50: 134 - 145.

[200] Park R E. The concept of position in sociology [J]. Publications of the American Sociological Society, 1926, 20: 1 - 14.

[201] Patzer, GL. , An Experiment Investigating the Influence of Communicator Physical Attractiveness on Attitudes, in Proceeding of AMA Eductors Conference, 1983, Eds. Murphy P. e.

[202] Patterson F. Great minds don't think alike? Person - level predictors of innovation at work [J]. International review of industrial and organizational psychology, 2002, 17.

[203] Pavitt K. Sectoral patterns of technical change: toward a taxonomy and a theory. Res Policy 1984;13(6).

[204] Paulhus D L. Measurement and control of response bias. In: Robinson J P, Shaver P R, Wrightsman L S (Eds.). Measurement of personality and social psychological attitudes. San Diego: Academic Press, 1991. 17 ~ 59

[205] Pavitt K, Robson M, Townsend J. The size distribution of innovating firms in the UK: 1945 - 1983 [J]. The Journal of Industrial Economics, 1987: 297 - 316.

[206] Pearce J L. , Bringing Some Clarity to Role Ambiguity [J]. Academy of Management Review, 1981, 6(4).

[207] Peng MW, Luo YD. Managerial ties and firm performance in a transition economy: the nature of a micro - macro link, Academy of Management Journal, 2002, 43 (3) :486 - 501 .

[208] Peterson . M R et al. Role conflict, ambiguity, and overload: A 21 - nation study [J]. Academy of Management journal, 1995, 38(2).

[209] Petroshius, SM and Crocker, KE. , An Empirical Analysis of Spokesperson Characteristics on Advertisement and Products Evaluations, The Academy of Marketing Science, 1989, 17(3), pp. 217 - 225.

[210] Petty R E, Cacioppo J T. Communication and persuasion: Central and peripheral routes to attitude change [J]. 1986.

[211] Plummer, J. T. , Brand Personality: A Strategic Concept For Multinational Advertising, Marketing Educators' Conference, New York: Young & Rubicam, 1985, pp. 1 -31.

[212] Podsakoff, P. M. , MacKenzie, S. N. & Bommer, W. H. , "Transformational Leader Behaviors and Substitutes for Leadership as Determinants of Employee Satisfaction, Commitment, Trust and Organizational Citizenship Behavior" [J]. Journal of Management, 1996, 22: pp. 259 ~298.

[213] Poiesz, T. B. C. The Image Concept: Its Place in Consumer Psychology [J]. Journal of Economic Psychology, 1989, 10(4): 457 -472.

[214] Pranter C A, Martin C L. Compatibility management: roles in service performers [J]. Journal of Services Marketing, 1991, 5(2): 43 -53.

[215] Pratt M G, Rafaeli A. Organizational dress as a symbol of multilayered social identities [J]. Academy of management journal, 1997: 862 -898.

[216] Raed Awamleha and William L. Gardner, Perceptions of leader charisma and effectiveness: The effects of vision content, delivery, and organizational performance, The Leadership Quarterly, 1999, Volume 10, Issue 3, Autumn, pp. 345 -373.

[217] Ralston S M, Kirkwood W G. The Trouble with Applicant Impression Management [J]. Journal of Business and Technical Communication, 1999, 13 (2): 190 -207.

[218] Reidenbach, R. E. and R. E. Pitts, Not all ceos are created equal as advertising spokespersons: evaluating the effective ceo spokesperson, Journal of Advertising, 1986, 15(1), pp. 30 -46.

[219] Reidenbach, R. Eric, Robin, Donald P. Some initial steps toward improving the measurement of ethical evaluations of marketing activities, Journal of Business Ethics, 1988, 7, pp. 871 -879.

[220]Renkema, J. , & Hoeken, H. , The influence of negative newspaper publicity on corporate image in the Netherlands. Journal of Business Communication, 1998, 35, pp. 521 -535.

[221] Reynolds T. J. & Gutman J. , Advertising is Image Managenment, Journal of Adertising Research,1984,24(Feberuary - March):27 -38.

[222]Rhoads et al. The Multiple Dimensions of Role Ambiguity and Their Impact upon psychological and Behavioral outcomes of Industrial Salespeople [J]. Journal of Personal Selling,1994,14(3)

[223] Rindova V P. Part VII: Managing Reputation: Pursuing Everyday Excellence: The image cascade and the formation of corporate reputations [J]. Corporate reputation review, 1997, 1(2): 188 -194.

[224] Rizzo et al. , Role Conflict and Ambiguity in Complex Organizations. Administrative Science Quarterly, 1970, 15(2).

[225]Robertson, B. E. Generations' perceptions towards dress policies. (Doctoral dissertation) University of La Verne,2007.

[226]Rode, V. , Vallaster, C. Corporate branding for start - ups: the crucial role of entrepreneurs, Corporate Reputation Review, 2005,Vol. 8 No. 2 , pp. 121 -35.

[227]Rosenfeld P, Giacalone R A, Riordan C A. Impression management in organizations: Theory, measurement, practice [M]. London: Routledge, 1995.

[228]Roth D L, Snyder C R, Pace L M. Dimensions of favorable self - presentation. Journal of Personality and Social Psychology, 1986, 51: 867 -874.

[229] Rubin, V. , C. Marger and H. H. Friedman. , Company President Versus Spokesperson in Television Commercials, Journal of Advertising Research, 1982, 22(4), pp. 31 -33.

[230]Rule, N. O. , & Ambady, N. ,The face of success: Inferences from chief executive officers' appearance predict company profits, Psychological Sci-

ence, 2008,19, 109 - 111.

[231]Scalzo A C. , A Description and Analysis of the Academic deanship as Perceived by Academic Deans at the University Centers of the State University of New York [D]. 1976:16

[232]Scherbaum C J, Shepherd D H. Dressing for success: Effects of color and layering on perceptions of women in business[J]. Sex Roles, 1987, 16(7 - 8): 391 - 399.

[233] Schudson M. Discovering the news: A social history of American newspapers[M]. Basic Books (AZ), 1978.

[234]Schneider M, Teske P. The antigrowth entrepreneur: Challenging the equilibrium of the growth machine[J]. The Journal of Politics, 1993, 55(3).

[235] Schumpeter J A. 1934 [J]. The theory of economic development, 1911.

[236]Schweizer T S. The psychology of novelty - seeking, creativity and innovation: neurocognitive aspects within a work - psychological perspective [J]. Creativity and Innovation Management,2006,15(2):164 - 172.

[237]Sebastian S E, Gillett J, Harrison N, et al. Quantum oscillations in the parent magnetic phase of an iron arsenide high temperature superconductor [J]. Journal of Physics: Condensed Matter,2008,20(42): 422203.

[238]Sehlenker B R. Imp ression management: The self—concept, social identity, and interpersonal relations [J]. Monterey, Calif: Brooks/Cole, 1980.

[239]Sexton D L, Bowman N. The entrepreneur: A capable executive and more[J]. Journal of Business Venturing, 1986, 1(1): 129 - 140.

[240]Shao C Y, Baker J A, Wagner J. The effects of appropriateness of service contact personnel dress on customer expectations of service quality and purchase intention: The moderating influences of involvement and gender[J]. Journal of Business Research, 2004, 57(10): 1164 - 1176.

[241] Shapiro S P. The social control of impersonal trust [J]. American

journal of Sociology, 1987: 623 –658.

[242]Sheng S, Zhou K Z, Li J J. The effects of business and political ties on firm performance: Evidence from China[J]. Journal of Marketing, 2011, 75 (1): 1 –15.

[243]Shepherd D A, Zacharakis A. The venture capitalist – entrepreneur relationship: control, trust and confidence in co – operative behaviour[J]. Venture Capital: an international journal of entrepreneurial finance, 2001, 3(2): 129 –149.

[244]Shostack G L. Breaking free from product marketing[J]. The Journal of Marketing, 1977: 73 –80.

[245]Smith N. The entrepreneur and his firm: The relationship between type of man and type of company[J]. Occasional Papers, Bureau of Business and Economic Research, Michigan State University, 1967, 109.

[246]Snyder M. Self – monitoring of expressive behavior. Journal of Personality and Social Psychology, 1974, 30: 526 ~537.

[247]Spearman C D. Creative mind[J]. The Journal of Nervous and Mental Disease, 1931, 74(6): 783.

[248] Starnawska, Marzena. Perceptions of entrepreneurs among polish students. (2010): 95 –117.

[249]Sternberg R J. Novelty – seeking, novelty – finding, and the developmental continuity of intelligence[J]. Intelligence, 1981, 5(2): 149 –155.

[250]Stogdill, R. M. , Personal factors associated with leadership: A survey of the literature, Journal of Psychology, 1948, 25, pp. 35 –71.

[251]Stone G P. Appearance and the self: A slightly revised version[J]. Life as theater: A dramaturgical sourcebook, 1990: 141 –62.

[252]Streufert S, Swezey R W. Complexity, managers, and organizations [M]. Orlando, FL: Academic Press, 1986.

[253]Stryker S. Symbolic interaction as an approach to family research

[J]. Marriage and Family Living, 1959, 21(2): 111 -119.

[254]Stryker, Sheldon. Symbolic interaction as an approach to family research. Marriage and Family Living. 1959. 21(2).

[255]Terman, L. M. ,A preliminary study in the psychology and pedagogy of leadership, Journal of Genetic Psychology, 1904, 11, pp. 413 - 451.

[256]Tetlock P E. Accountability: A social check on the fundamental attribution error [J]. Social Psychology Quarterly, 1985: 227 -236.

[257]Thomas W I. The unadjusted girl: With cases and standpoint for behavior analysis [J]. Criminal Science Monographs, 1923 (4): 1 -257.

[258]Thoits, P. A. Emotional deviance: research agendas. In T. D. Kemper (Ed.), Research agendas in the sociology of emotions:180 -203. Albany: State University of New York Press, 1990.

[259]Tittle, Charles R. and Raymond Paternoster. , (2000), Social Deviance and Crime: An Organizational and Theoretical Approach. Los Angeles, California: Roxbury.

[260]Tosi H L, Misangyi V F, Fanelli A, et al. CEO charisma, compensation, and firm performance[J]. The Leadership Quarterly, 2004, 15(3): 405 -420.

[261]Thomas, W I. Oxford, England: Little, Brown. (1923)

[262]Treadway, D. C. , G. L. Adams, et al. ,A meso - level conceptualization of CEO celebrity effectiveness. Leadership Quarterly, 2009, 20(4): 554 -570.

[263]Trope, Yaacov; Liberman, Nira; Wakslak, Cheryl. , Construal Levels and Psychological Distance: Effects on Representation, Prediction, Evaluation, and Behaviour. Journal of Consumer Psychology (Lawrence Erlbaum Associates), 2007, Vol. 17 Issue 2, p83 -95.

[264]Turner J H. A note on George Herbert Mead's behavioral theory of social structure [J]. Journal for the Theory of Social Behaviour, 1982, 12(2):

213 – 222.

[265] Turnley W H, Bolino M C. Achieving desired images while avoiding undesired images: Exploring the role of self – monitoring in impression management [J]. Journal of Applied Psychology, 2001, 86(2): 351 – 360.

[266] Varey R J, Lewis B R. A broadened conception of internal marketing [J]. European Journal of Marketing, 1999, 33(9/10): 926 – 944.

[267] Walter, Besant. Children of Gibeon. Chatto & Windus, 1887.

[268] Walter, K. (1996). Dress for success and comfort. HR Magazine, 41, 55 – 60.

[269] Wartick S L. The relationship between intense media exposure and change in corporate reputation [J]. Business & Society, 1992, 31(1): 33 – 49.

[270] Wattanasuwan, Kritsadarat, The Self and Symbolic Consumption, Journal of American Academy of Business, Cambridge, 2005, Vol. 6(1).

[271] Westcott M R, Ranzoni J H. Correlates of Intuitive Thinking Monograph Supplement 5 – VI2 [J]. Psychological reports, 1963, 12(2): 595 – 613.

[272] Westphal J D, Clement M B. Sociopolitical dynamics in relations between top managers and security analysts: Favor rendering, reciprocity, and analyst stock recommendations[J]. Academy of Management Journal, 2008, 51(5): 873 – 897.

[273. White H C. Where do markets come from? [J]. American journal of sociology, 1981: 517 – 547.

[274] Wieseke, J., M. Ahearne, et al. "The Role of Leaders in Internal Marketing." Journal of Marketing, 2009, 73(2), pp. 123 – 145.

[275] William James, The Principles of Psychology, New York: Henry Holt, 1890, Vol. 1.

[276] Willoughby R H. The attendant in the state mental hospital[D]. University of Chicago, Department of Sociology, 1953.

[277] Young, Stephen.. Entrepreneurship and the Internationalisation of A-

sian Firms: An Institutional Perspective, International Small Business Journal, 2003,21(2), pp. 229 –233.

[278]Yukl G. How leaders influence organizational effectiveness [J]. The Leadership Quarterly, 2008, 19(6): 708 –722.

[279]Yukl, G., & Van Fleet, D. D., Theory and research on leadership in organizations. In M. D. Dunnette & L. M. Hough (Eds.), Handbook of industrial and organizational psychology (Vol. 3, pp. 147 - 197). 1992, Palo Alto, CA: Consulting Psychologists Press.

[280]Yukl, G., Leadership in organizations. Upper Saddle River, 1998, NJ: Prentice Hall.

[281]Zebrowitz, L. A., & Montepare, J. M., "Appearance does matter", Science, 2005, 308, pp. 1565 –1566.

[282]边燕杰,丘海雄. 企业的社会资本及其功效[J]. 中国社会科学, 2000(2):87 –99.

[283]陈卫平. 角色认知的概念与功能初探[J]. 社会科学研究, 1994, 1(32).

[284]丁水木,张绪山. 社会角色论[M]. 上海:上海社会科学院出版社, 1992.

[285]费穗宇, 张潘仕. 社会心理学辞典[Z]. 石家庄:河北人民出版社,1988.

[286]费孝通, 刘豪兴. 乡土中国[M]. 上海:生活·读书·新知三联书店, 1985.

[287]甘平. 追忆逝水年华——记著名表演艺术家陈强[J]. 电影创作, 2000, 1: 004.

[288]高启光. 论戏剧情境的作用[J]. 齐鲁艺苑(山东艺术学院学报), 2001,68(1).

[289]乔安妮·恩特维斯特尔. 时髦的身体:时尚,衣着和现代社会理论[M]. 郜元宝,等,译. 桂林:广西师范大学出版社,2005.

[290]顾明远,等. 教育大辞典[Z]. 上海:上海教育出版社,1998.

[291]顾志远. 服务业系统设计与作业管理[M]. 香港:华泰出版社,1998.

[292]贺远琼,田志龙. 企业家行为与企业社会资本[J]. 财贸研究,2006(1):81 – 91.

[293]何志毅,王广富. 企业家形象与企业品牌形象的关系[J]. 经济管理,2005,07(15):47 – 50.

[294]侯箴. 印象管理与求职面试[J]. 人力资源 11S (2006): 50 – 51.

[295]侯钧生. 西方社会学理论教程[M]. 天津:南开大学出版社,2006.

[296]黄静,王新刚,张司飞,周南. 企业家负面行为对品牌形象的影响[J]. 管理世界,2010(5):96 – 107.

[297]姜涛. 企业家声誉形成机理及其驱动因素研究[D]. 浙江大学,2010.

[298]李当岐. 服装学概论[M]. 北京:高等教育出版社,2006.

[299]李福东. 心理咨询师着装类型对来访者求助意愿的影响[D]. 西南大学,2012.

[300]苏珊·凯瑟. 服装社会心理学[M]. 李宏伟,译. 北京: 中国纺织出版社, 2000.

[301]李琼,郭德俊. 中国人的印象整饰特征及其影响因素初探[J]. 心理科学,1999(6).

[302]李瑞. 应聘者印象管理行为及其影响因素研究[D]. 厦门大学,2009.

[303]李雪垠. 着装意象审美生成研究[D]. 西南大学,2010.

[304]林世昌. 我国会计人员角色压力与工作满足. 组织承诺的关系[D]."国立政治大学"(中国台湾)会计研究所硕士轮流,1987.

[305]林德格伦. 课堂教育心理学[M]. 章志光,等,译. 昆明:云南人民出版社,1983.

[306]凌仪玲．医疗服务满意反应之研究,迈向 21 世纪品质管理技术应用研讨会．高雄:义首大学,2000:126－124.

[307]刘春，赵平．女性人格特征的服装服饰刻板印象研究[J].心理科学，1998，21(1)：17－20.

[308]刘丽英．人体微气候热湿传递数值模拟及着装人体热舒适感觉模型的建立[D].东华大学,2002.

[309]刘腾．周星驰电影与后现代主义文化[D].新疆大学,2011.

[310]刘元凤,著．服装设计学[M].北京:高等教育出版社,1997.

[311]鲁静．社会角色的装扮艺术[D]．上海戏剧学院,2012.

[312]彭克宏．社会科学大词典[Z].北京：中国国际广播出版社，1989.

[313]莫衡．当代汉语词典[Z].上海:上海辞书出版社,2001.

[314]牛犁．六朝文学中的服饰文化研究[D].江南大学,2006.

[315]乔纳森·H.特纳．社会学理论的结构[M]．邱泽奇，张茂元，译．北京:华夏出版社,2006.

[316]渠改萍．符号互动理论述评[J].太原大学学报，2010（3)：96－98.

[317]任丽涛．符号互动理论的局限性研究[D].东北师范大学,2006.

[318]莎士比亚．人间喜剧[M].罗志野,李德荣,译．上海:商务印书馆,1991:11.

[319]斯蒂芬·罗宾斯,蒂莫西·贾奇．组织行为学(第 12 版）[M].李原,等,译．北京:中国人民大学出版社,2008.

[320]宋丙玲．北朝世俗服饰研究[D].山东大学,2008.

[321]孙俊华,陈传明．企业家社会资本与公司绩效关系研究——基于中国制造业上市公司的实证研究[J].南开管理评论,2009,12(2):28－36.

[322]童泽林．企业领导者道德对促升新产品购买意愿的影响[D].武汉大学,2012.

[323]吴琼．电影院：一种拉康式的阅读[J].中国人民大学学报，2011(6).

[324]王昌凤．论现代艺术的陌生化特征[D]．华中师范大学,2005.

[325]王辉,忻榕,徐淑英．中国企业 CEO 的领导行为及对企业经营业绩的影响[J]．管理世界,2006(4):87－96.

[326]王新刚．企业家社会责任行为偏离对品牌形象的影响[D]．武汉大学,2011.

[327]温忠麟，张雷，侯杰泰，等．中介效应检验程序及其应用[J]．心理学报，2004，36(5)：614－620.

[328]许星．论中国传统服饰的“合礼性”与“合理性”[J]．苏州丝绸工学院学报，2000，20(2)：42－46.

[329]徐宏力，关志坤．服装美学教程[M]．北京：中国纺织出版社,2007.

[330]徐薇．中国当代青年个体着装心理研究[D]．湖南师范大学,2010.

[331]杨云云．论布莱希特“间离化”理论下的现代舞台艺术[D]．山东师范大学,2010.

[332]袁世全,冯涛．中国百科大辞典[M]．北京:华厦出版社,1990.

[333]张立川．论当代中国成衣品牌与目标消费群的关系[D]．清华大学,2007.

[334]张辛可．服装概论[M]．石家庄：河北美术出版社,2005.

[335]赵伶俐．改革开放 30 年服饰演变进程——透视中国人物质与精神进步[J]．理论与改革，2009（3）：116－119.

[336]赵韶丰．服务接触满意关键因素之研究——餐饮之例[D]．高雄：“国立中山大学”,2000.

[337]朱迪．中国商务男士着装习惯及指导性方案研究[D]．东华大学,2010.

[338]左爱芹．从再现的视角看艺术世界的相似问题[D]．山东大学,2011.

附录1　本研究中的变量操控

实验1

1.“与自我一致”组的情境操控

××××年×月××日上午，中国人民政治协商会议W市第×届委员会第×次会议在省人民大会堂隆重开幕。W市的H集团公司董事长兼总经理A先生，作为本届政协委员出席了会议。A先生对穿什么衣服进行了认真思考，最终选了一套**自己喜欢的休闲装**。下图是A先生在会议入场时的照片。

2.“与角色一致”组的情境操控

××××年×月×日上午，中国人民政治协商会议W市第×届委员会第×次会议在省人民大会堂隆重开幕。W市的H集团公司董事长兼总经理 A 先生，作为本届政协委员出席了会议。A 先生对穿什么衣服进行了认真思考，最终放弃个性喜好，选了一套**适合自己身份的西服套装**。下图是 A 先生在会议入场时的照片。

实验 2

1. "与自我一致" + "正式活动"组的情境操控

H 集团公司是 W 市一家知名的信息技术企业。××××年×月×日，该公司举行了新产品发布会，宣布其最新一代的信息数据高速储存产品上市。H 集团公司的董事长兼总经理 A 先生出席新产品发布会，并亲自担当发布会主持人。A 先生对穿什么衣服进行了认真思考，最终选了一套**自己喜欢的休闲装**。下图是 A 先生在新产品发布会上的照片。

2. **“与角色一致” + “非正式活动”组的情境操控**

H 集团公司是 W 市一家知名的信息技术企业。××××年×月×日，H 集团公司赞助了 W 市电视台的一期娱乐节目，该节目氛围欢快、轻松幽默，具有较高的收视率，也受到了广大观众的好评。H 集团公司董事长兼总经理 A 先生应邀参加节目，并现场和多位节目主持人互动交流。A 先生对穿什么衣服进行了认真思考，最终放弃个性喜好，选了一套**适合自己身份的西服套装**。下图是 A 先生在娱乐节目现场和主持人进行互动交流。

实验 3

1. “与自我一致” + “传统行业”组的情境操控

H 集团公司是 W 市一家知名的食品生产企业，主要产品包括奶粉和牛奶饮品等。××××年×月×日，该公司举行了新产品发布会，宣布其最新研制的专门针对年轻女性的牛奶饮品上市。H 集团公司的董事长兼总经理 A 先生出席新产品发布会，并亲自担当发布会主持人。A 先生对穿什么衣服进行了认真思考，最终选了一套**自己喜欢的休闲装**。下图是 A 先生在新产品发布会上的照片。

注：实验 3 中的“新兴行业”情境操控和实验 2 中的“正式活动”一致。

附录2 本研究中使用的主要量表

1. 着装风格操控检验量表

A1、我觉得图片中企业家A先生的着装属于：

1 = 休闲装								9 = 正装
1	2	3	4	5	6	7	8	9

B1、我认为企业家A先生参加政协会议的着装选择是基于社会角色。

1 = 非常不同意								9 = 非常同意
1	2	3	4	5	6	7	8	9

B2、我认为企业家A先生参加政协会议的着装选择是基于个性特质。

1 = 非常不同意								9 = 非常同意
1	2	3	4	5	6	7	8	9

2. 新奇性感知和合礼性感知测量量表（C为新奇，D为合礼）

C1、参加政协会议，A先生的着装风格显得很独特。

1 = 非常不同意								9 = 非常同意
1	2	3	4	5	6	7	8	9

D1、参加政协会议，A先生的着装风格考虑了他人感受。

1 = 非常不同意								9 = 非常同意
1	2	3	4	5	6	7	8	9

C2、参加政协会议，A 先生的着装风格让人觉得很新奇。

1 = 非常不同意								9 = 非常同意
1	2	3	4	5	6	7	8	9

D2、参加政协会议，A 先生的着装风格显得非常得体。

1 = 非常不同意								9 = 非常同意
1	2	3	4	5	6	7	8	9

C3、参加政协会议，A 先生的着装风格出乎我的意料。

1 = 非常不同意								9 = 非常同意
1	2	3	4	5	6	7	8	9

D3、参加政协会议，A 先生的着装风格合乎着装礼仪要求。

1 = 非常不同意								9 = 非常同意
1	2	3	4	5	6	7	8	9

3. 可靠评价和创新评价测量量表（E 为可靠，F 为创新）。

E1、我认为企业家 A 先生是一个做事谨慎的人。

1 = 非常不同意								9 = 非常同意
1	2	3	4	5	6	7	8	9

F1、我认为企业家 A 先生乐于遵守既定的社会规范。**（注：反向问项）**

1 = 非常不同意								9 = 非常同意
1	2	3	4	5	6	7	8	9

E2、我认为企业家 A 先生是一个稳重的人。

1 = 非常不同意								9 = 非常同意
1	2	3	4	5	6	7	8	9

F2、我认为企业家 A 先生非常善于接受社会中的新观念和新事物。

1 = 非常不同意								9 = 非常同意
1	2	3	4	5	6	7	8	9

E3、我认为企业家 A 先生是一个责任心非常强的人。

1 = 非常不同意								9 = 非常同意
1	2	3	4	5	6	7	8	9

F3、我认为企业家 A 先生在工作中喜欢探索并尝试新想法和新思路。

1 = 非常不同意								9 = 非常同意
1	2	3	4	5	6	7	8	9

4. 情境虚拟性检验量表

G1、我之前见过材料中的这张图片，并且能识别图片中人物的真实身份。

1 = 非常不同意								9 = 非常同意
1	2	3	4	5	6	7	8	9

5. 活动类型操控检验量表

H1、正式活动和非正式活动的区别在于组织性、严肃性、聚焦性以及身份地位相关性。正式活动具有严谨的组织流程，氛围更加严肃，聚焦于明确的单一活动主题，参与者的行为与其社会身份紧密相关。

根据上述定义，我觉得 H 集团公司的新产品发布会属于：

1 = 非正式活动								9 = 正式活动
1	2	3	4	5	6	7	8	9

6. 行业类型操控检验量表

I1、按照技术特征和创新活动所占比重可以将行业划分为新兴行业和传统行业。其中，新兴行业对知识和技术创新的依赖程度更高。

根据上述定义，我觉得 H 集团公司属于：

1 = 传统行业								9 = 新兴行业
1	2	3	4	5	6	7	8	9